Reading to Learn Hebrew

The Progressive Torah
Level Three

וַיִּקְרָא

Leviticus

Black & White Edition

טhe Pרogרessive Toרaה is a production of
Minister 2 Others

English Scripture modified
from the 1917 Jewish Publication Society

ISBN 978-1-947751-83-5

Copyright © 2018 Minister 2 Others

Minister2others.com

May you be blessed by this work,
and may you draw closer to יהוה
by reading
טhe Pרogרessive Toרaה

Introduction

This is the third book in the "Reading To Learn Hebrew" journey!

The Progressive Torah: Level Three takes the reader through the book of Leviticus. The various offerings, unique garments of the priesthood, and the instructions of יהוה can all be examined a little closer and understood a little deeper when looking at them through the Hebrew language!

But before getting started, here are a couple of notes:

There are various colors used in this text:

> Hebrew names are indicated with a brown font: אַבְרָהָם (*Abraham*)
> Vocabulary words are indicated with a blue font: אֱלֹהִים (*Elohim*)
> Verbs are indicated with a red font: וַיֹּאמֶר (*And he said*)
> Words of יהוה are indicated with a green font: יוֹם (*Day*)
> Miscellaneous words are in black: עֶרֶב (*Evening*)

Also, the numbering of the verses can vary between English versions and Jewish versions so, where the numbering is not the same, both systems have been used. The English version in black, and the Jewish version in light blue. Here is an example of a dual numbered verse: (9) (32:10)

If the reader is not familiar with the Hebrew Alef-Bet, it may be prudent to get a copy of The Progressive Alef~Bet produced by Minister 2 Others, and learn the letters and vowels. This is not a necessary step in order to read through this series, it is only advised for those who would like the extra help.

Table of Contents

Chapter 1 1
Chapter 2 12
Chapter 3 19
Chapter 4 26
Chapter 5 41
Chapter 6 50
Chapter 7 62
Chapter 8 75
Chapter 9 81
Chapter 10 85
Chapter 11 90
Chapter 12 107
Chapter 13 111
Chapter 14 134
Chapter 15 154
Chapter 16 166
Chapter 17 179
Chapter 18 186
Chapter 19 195
Chapter 20 208
Chapter 21 219
Chapter 22 227
Chapter 23 239
Chapter 24 255
Chapter 25 262
Chapter 26 281
Chapter 27 298
Index 310
Final Notes................... 313

Chapter One

General Rules Of The Offerings

(1) וַיִּקְרָא אֶל-מֹשֶׁה (*And He called to Moses*) וַיְדַבֵּר יהוה אֵלָיו (*and YHVH spoke to him*) מֵאֹהֶל מוֹעֵד (*from the tent of meeting*) לֵאמֹר (*saying*):

(2)

דַּבֵּר אֶל-בְּנֵי יִשְׂרָאֵל

וְאָמַרְתָּ אֲלֵהֶם

אָדָם כִּי-יַקְרִיב מִכֶּם

קָרְבָּן לַיהוה

מִן-הַבְּהֵמָה מִן-הַבָּקָר וּמִן-הַצֹּאן

תַּקְרִיבוּ אֶת-קָרְבַּנְכֶם

Speak to the children of Israel,
and say to them:
When any man of you brings
an offering to YHVH,
from the cattle, from the herd or from the flock
you shall bring your offering.

(3)

אִם-עֹלָה קָרְבָּנוֹ מִן-הַבָּקָר

זָכָר תָּמִים

If his offering be a burnt-offering of the herd,
he shall offer it a male without blemish;

Leviticus ~ 1

The Progressive Torah

יַקְרִיבֶנּוּ אֶל-פֶּתַח אֹהֶל מוֹעֵד
יַקְרִיב אֹתוֹ לִרְצֹנוֹ לִפְנֵי יהוה

he shall bring it to the door of the tent of meeting,
and he shall offer * it for his acceptance before YHVH.

(4)

וְסָמַךְ יָדוֹ עַל
רֹאשׁ הָעֹלָה
וְנִרְצָה לוֹ
לְכַפֵּר עָלָיו

And he shall lay his hand upon
the head of the burnt-offering;
and it shall be accepted for him
to make atonement for him.

(5)

וְשָׁחַט אֶת-בֶּן הַבָּקָר לִפְנֵי יהוה
וְהִקְרִיבוּ בְּנֵי אַהֲרֹן הַכֹּהֲנִים אֶת-הַדָּם
וְזָרְקוּ אֶת-הַדָּם עַל-הַמִּזְבֵּחַ סָבִיב
אֲשֶׁר-פֶּתַח אֹהֶל מוֹעֵד

And he shall kill * the son of the herd before YHVH;
and Aaron's sons, the priests, shall present * the blood
and they shall sprinkle * the blood round about the altar
that is at the door of the tent of meeting.

Level Three   וַיִּקְרָא ~ א

(6)

וְהִפְשִׁיט אֶת־הָעֹלָה
וְנִתַּח אֹתָהּ לִנְתָחֶיהָ

*And he shall flay * the burnt-offering,*

*and cut * it into its pieces.*

(7)

וְנָתְנוּ בְּנֵי אַהֲרֹן הַכֹּהֵן
אֵשׁ עַל־הַמִּזְבֵּחַ
וְעָרְכוּ עֵצִים עַל־הָאֵשׁ

And the sons of Aaron the priest shall put

fire upon the altar,

and lay wood in order upon the fire.

(8)

וְעָרְכוּ בְּנֵי אַהֲרֹן הַכֹּהֲנִים
אֵת הַנְּתָחִים אֶת־הָרֹאשׁ וְאֶת־הַפָּדֶר
עַל־הָעֵצִים אֲשֶׁר עַל־הָאֵשׁ אֲשֶׁר עַל־הַמִּזְבֵּחַ

And Aaron's sons, the priests, shall arrange

* the pieces, * the head, and * the suet,

upon the wood that is on the fire which is upon the altar;

(9)

וְקִרְבּוֹ וּכְרָעָיו יִרְחַץ בַּמָּיִם
וְהִקְטִיר הַכֹּהֵן אֶת־הַכֹּל הַמִּזְבֵּחָה

but its inwards and its legs shall he wash with water;

*and the priest shall make * the whole altar area to smoke,*

Leviticus ~ 1

עֹלָה אִשֵּׁה
רֵיחַ־נִיחוֹחַ לַיהוה

for a burnt- offering, an offering made by fire,
of a sweet savor to YHVH.

Burnt Offerings Of The Flock

(10)

וְאִם־מִן־הַצֹּאן קָרְבָּנוֹ
מִן־הַכְּשָׂבִים אוֹ מִן־הָעִזִּים
לְעֹלָה
זָכָר תָּמִים יַקְרִיבֶנּוּ

And if his offering be of the flock,
from the sheep, or from the goats,
for a burnt-offering,
he shall offer it a male without blemish.

(11)

וְשָׁחַט אֹתוֹ עַל יֶרֶךְ הַמִּזְבֵּחַ
צָפֹנָה לִפְנֵי יהוה

*And he shall kill * it on the side of the altar*
northward before YHVH;

וְזָרְקוּ בְּנֵי אַהֲרֹן הַכֹּהֲנִים
אֶת־דָּמוֹ עַל־הַמִּזְבֵּחַ־־סָבִיב

Level Three

וַיִּקְרָא ~ א

and Aaron's sons, the priests, shall sprinkle
* the blood on the altar round about.

(12)

וְנִתַּח אֹתוֹ לִנְתָחָיו

וְאֶת־רֹאשׁוֹ וְאֶת־פִּדְרוֹ

וְעָרַךְ הַכֹּהֵן אֹתָם

עַל־הָעֵצִים אֲשֶׁר עַל־הָאֵשׁ

אֲשֶׁר עַל־הַמִּזְבֵּחַ

And he shall cut * it into its pieces;
and * its head and * its suet,
and the priest shall arrange * them,
on the wood that is on the fire
which is upon the altar.

(13)

וְהַקֶּרֶב וְהַכְּרָעַיִם יִרְחַץ בַּמָּיִם

וְהִקְרִיב הַכֹּהֵן אֶת־הַכֹּל

וְהִקְטִיר הַמִּזְבֵּחָה

עֹלָה הוּא אִשֵּׁה

רֵיחַ נִיחֹחַ לַיהוה

But the inwards and the legs shall he wash with water;
and the priest shall offer * the whole,
and make it smoke upon the altar;
it is a burnt-offering, an offering made by fire,
of a sweet savor to YHVH.

Leviticus ~ 1

Burnt Offerings Of Fowl

(14)

וְאִם מִן־הָעוֹף עֹלָה
קָרְבָּנוֹ לַיהוה
וְהִקְרִיב מִן־הַתֹּרִים
אוֹ מִן־בְּנֵי הַיּוֹנָה
אֶת־קָרְבָּנוֹ

And if his offering is of fowls
to YHVH be a burnt-offering,
then he shall bring of turtle-doves,
or from the sons of the dove
* his offering.

(15)

וְהִקְרִיבוֹ הַכֹּהֵן אֶל־הַמִּזְבֵּחַ
וּמָלַק אֶת־רֹאשׁוֹ
וְהִקְטִיר הַמִּזְבֵּחָה
וְנִמְצָה דָמוֹ
עַל קִיר הַמִּזְבֵּחַ

And the priest shall bring it to the altar,
and pinch off * its head,
and make it smoke on the altar;
and the blood shall be drained out
on the side of the altar.

Level Three

וַיִּקְרָא ~ א

(16)

וְהֵסִיר אֶת־מֻרְאָתוֹ בְּנֹצָתָהּ

וְהִשְׁלִיךְ אֹתָהּ אֵצֶל הַמִּזְבֵּחַ קֵדְמָה

אֶל־מְקוֹם הַדָּשֶׁן

And he shall take away * the crop of it with the feathers thereof,

and cast * it beside the altar on the east part,

to the place of the ashes.

(17)

וְשִׁסַּע אֹתוֹ בִכְנָפָיו

לֹא יַבְדִּיל

וְהִקְטִיר אֹתוֹ הַכֹּהֵן הַמִּזְבֵּחָה

עַל־הָעֵצִים אֲשֶׁר עַל־הָאֵשׁ

עֹלָה הוּא אִשֵּׁה

רֵיחַ נִיחֹחַ לַיהוה

And he shall rend * it by the wings,

but shall not divide it asunder;

and the priest shall make * it smoke upon the altar,

upon the wood that is upon the fire;

it is a burnt-offering, an offering made by fire,

of a sweet savor to YHVH.

Chapter Two

Meal Offerings

(1)

וְנֶפֶשׁ כִּי-תַקְרִיב
קָרְבַּן מִנְחָה לַיהוה
סֹלֶת יִהְיֶה קָרְבָּנוֹ
וְיָצַק עָלֶיהָ שֶׁמֶן
וְנָתַן עָלֶיהָ לְבֹנָה

And when any one brings
a offering to YHVH,
his offering shall be of fine flour;
and he shall pour oil upon it,
and put frankincense thereon.

(2)

וֶהֱבִיאָהּ אֶל-בְּנֵי אַהֲרֹן הַכֹּהֲנִים
וְקָמַץ מִשָּׁם מְלֹא קֻמְצוֹ מִסָּלְתָּהּ
וּמִשַּׁמְנָהּ עַל כָּל-לְבֹנָתָהּ
וְהִקְטִיר הַכֹּהֵן אֶת-אַזְכָּרָתָהּ
הַמִּזְבֵּחָה אִשֵּׁה
רֵיחַ נִיחֹחַ לַיהוה

Level Three

וַיִּקְרָא ~ ב

And he shall bring it to Aaron's sons the priests;

and he shall take thereout his handful of the fine flour thereof,

and of its oil on all its frankincense;

and the priest shall make * the memorial-part smoke

upon the altar, an offering made by fire,

a sweet savor to YHVH.

(3)

וְהַנּוֹתֶרֶת מִן־הַמִּנְחָה

לְאַהֲרֹן וּלְבָנָיו

קֹדֶשׁ קָדָשִׁים

מֵאִשֵּׁי יהוה

But that which is left of the offering

shall be Aaron's and his sons';

it is most holy

of the offerings of YHVH made by fire.

(4)

וְכִי תַקְרִב קָרְבַּן מִנְחָה מַאֲפֵה תַנּוּר

סֹלֶת חַלּוֹת מַצֹּת

בְּלוּלֹת בַּשֶּׁמֶן

וּרְקִיקֵי מַצּוֹת מְשֻׁחִים בַּשָּׁמֶן

And when you bring a offering baked in the oven,

it shall be unleavened cakes of fine flour

mingled with oil,

and unleavened wafers spread with oil.

13

Leviticus ~ 2

(5)

וְאִם־מִנְחָה עַל־הַמַּחֲבַת קָרְבָּנֶךָ
סֹלֶת בְּלוּלָה בַשֶּׁמֶן מַצָּה תִהְיֶה

And if your offering be a offering baked on a griddle,
it shall be of fine flour unleavened, mingled with oil.

(6)

פָּתוֹת אֹתָהּ פִּתִּים
וְיָצַקְתָּ עָלֶיהָ שָׁמֶן
מִנְחָה הִוא

You shall break * it in pieces,
and pour oil thereon;
it is an offering.

(7)

וְאִם־מִנְחַת מַרְחֶשֶׁת קָרְבָּנֶךָ
סֹלֶת בַּשֶּׁמֶן תֵּעָשֶׂה

And if your offering be an offering of the stewing-pan,
it shall be made of fine flour with oil.

(8)

וְהֵבֵאתָ אֶת־הַמִּנְחָה
אֲשֶׁר יֵעָשֶׂה מֵאֵלֶּה--לַיהוה
וְהִקְרִיבָהּ אֶל־הַכֹּהֵן
וְהִגִּישָׁהּ אֶל־הַמִּזְבֵּחַ

Level Three וַיִּקְרָא ~ ב

And you shall bring * the meal-offering

that is made of these things to YHVH;

and it shall be presented to the priest,

and he shall bring it to the altar.

(9)

וְהֵרִים הַכֹּהֵן מִן־הַמִּנְחָה

אֶת־אַזְכָּרָתָהּ

וְהִקְטִיר הַמִּזְבֵּחָה אִשֵּׁה

רֵיחַ נִיחֹחַ לַיהוה

And the priest shall take off from the offering

* the memorial-part,

and shall make it smoke upon the altar - an offering made by fire,

a sweet savor to YHVH.

(10)

וְהַנּוֹתֶרֶת מִן־הַמִּנְחָה

לְאַהֲרֹן וּלְבָנָיו

קֹדֶשׁ קָדָשִׁים

מֵאִשֵּׁי יהוה

But that which is left of the offering

shall be for Aaron's and his sons';

it is most holy

of the offerings of YHVH made by fire.

Leviticus ~ 2

(11)

כָּל־הַמִּנְחָה אֲשֶׁר תַּקְרִיבוּ לַיהוה
לֹא תֵעָשֶׂה חָמֵץ
כִּי כָל־שְׂאֹר וְכָל־דְּבַשׁ
לֹא־תַקְטִירוּ מִמֶּנּוּ אִשֶּׁה לַיהוה

Every meal-offering, which you shall bring to YHVH,
shall not be made with leaven;
for you shall make any leaven, and any honey,
not smoke as an offering made by fire to YHVH.

(12)

קָרְבַּן רֵאשִׁית
תַּקְרִיבוּ אֹתָם לַיהוה
וְאֶל־הַמִּזְבֵּחַ לֹא־יַעֲלוּ
לְרֵיחַ נִיחֹחַ

As an offering of first-fruits
*you may bring * them to YHVH;*
and they shall not come up on the altar
for a sweet savor.

Salt Covenant

(13)

וְכָל־קָרְבַּן מִנְחָתְךָ
בַּמֶּלַח תִּמְלָח

Level Three

וַיִּקְרָא ~ ב

And every meal-offering of your shall

with salt you shall salt;

וְלֹא תַשְׁבִּית

מֶלַח בְּרִית אֱלֹהֶיךָ

מֵעַל מִנְחָתֶךָ

עַל כָּל־קָרְבָּנְךָ תַּקְרִיב מֶלַח

neither shall you suffer

the salt of the covenant of your God

to be lacking from your offering;

on all your offerings you shall offer salt.

(14)

וְאִם־תַּקְרִיב מִנְחַת

בִּכּוּרִים לַיהוה

אָבִיב קָלוּי בָּאֵשׁ

גֶּרֶשׂ כַּרְמֶל

תַּקְרִיב אֵת מִנְחַת בִּכּוּרֶיךָ

And if you bring a offering

of first-fruits to YHVH,

corn in the ear parched with fire,

groats of the crop

*you shall bring for * the offering of your first-fruits.*

Leviticus ~ 2

(15)

וְנָתַתָּ עָלֶיהָ שֶׁמֶן
וְשַׂמְתָּ עָלֶיהָ לְבֹנָה
מִנְחָה הִוא

And you shall put oil upon it,
and lay frankincense thereon;
it is an offering.

(16)

וְהִקְטִיר הַכֹּהֵן אֶת־אַזְכָּרָתָהּ
מִגִּרְשָׂהּ וּמִשַּׁמְנָהּ
עַל כָּל־לְבֹנָתָהּ
אִשֶּׁה לַיהוה

*And the priest shall make * the memorial-part of it smoke,*
from the groats thereof, and from the oil thereof,
with all the frankincense thereof;
it is an offering made by fire to YHVH.

Chapter Three

Peace Offerings

(1)

וְאִם־זֶבַח שְׁלָמִים קָרְבָּנוֹ

אִם מִן־הַבָּקָר הוּא מַקְרִיב

אִם־זָכָר אִם־נְקֵבָה

תָּמִים יַקְרִיבֶנּוּ

לִפְנֵי יהוה

And if his offering be a sacrifice of peace-offerings:
if he offer of the herd,
whether male or female,
he shall offer it without blemish
before YHVH.

(2)

וְסָמַךְ יָדוֹ עַל־רֹאשׁ קָרְבָּנוֹ

וּשְׁחָטוֹ פֶּתַח אֹהֶל מוֹעֵד

וְזָרְקוּ בְּנֵי אַהֲרֹן הַכֹּהֲנִים אֶת־הַדָּם

עַל־הַמִּזְבֵּחַ סָבִיב

And he shall lay his hand upon the head of his offering,
and kill it at the door of the tent of meeting;
*and Aaron's sons the priests shall dash * the blood*
against the altar round about.

Leviticus ~ 3

(3)

וְהִקְרִיב מִזֶּבַח הַשְּׁלָמִים
אִשֶּׁה לַיהוה
אֶת-הַחֵלֶב הַמְכַסֶּה אֶת-הַקֶּרֶב
וְאֵת כָּל-הַחֵלֶב אֲשֶׁר עַל-הַקֶּרֶב

And he shall present of the sacrifice of peace-offerings

an offering made by fire to YHVH:

* the fat that covers * the inwards,

and * all the fat that is upon the inwards,

(4)

וְאֵת שְׁתֵּי הַכְּלָיֹת
וְאֶת-הַחֵלֶב אֲשֶׁר עֲלֵהֶן
אֲשֶׁר עַל-הַכְּסָלִים
וְאֶת-הַיֹּתֶרֶת עַל-הַכָּבֵד
עַל-הַכְּלָיוֹת יְסִירֶנָּה

and * the two kidneys,

and * the fat that is on them,

which is by the loins,

and * the lobe above the liver,

which he shall take away on the kidneys.

(5)

וְהִקְטִירוּ אֹתוֹ בְנֵי-אַהֲרֹן
הַמִּזְבֵּחָה עַל-הָעֹלָה אֲשֶׁר

Level Three   וַיִּקְרָא ~ ג

And Aaron's sons shall make * it smoke
on the altar upon the burnt-offering,

עַל־הָעֵצִים אֲשֶׁר עַל־הָאֵשׁ
אִשֵּׁה רֵיחַ נִיחֹחַ לַיהוה

which is upon the wood that is on the fire;
it is an offering made by fire, a sweet savor to YHVH.

(6)

וְאִם־מִן־הַצֹּאן קָרְבָּנוֹ
לְזֶבַח שְׁלָמִים לַיהוה
זָכָר אוֹ נְקֵבָה
תָּמִים יַקְרִיבֶנּוּ

And if from the flock his offering
for a sacrifice of peace-offerings to YHVH,
male or female,
he shall offer it without blemish.

(7)

אִם־כֶּשֶׂב הוּא־מַקְרִיב אֶת־קָרְבָּנוֹ
וְהִקְרִיב אֹתוֹ
לִפְנֵי יהוה

If he bring a lamb for his offering,
then shall he present * it
before YHVH.

Leviticus ~ 3

(8)

וְסָמַךְ אֶת־יָדוֹ עַל־רֹאשׁ קָרְבָּנוֹ
וְשָׁחַט אֹתוֹ לִפְנֵי אֹהֶל מוֹעֵד
וְזָרְקוּ בְּנֵי אַהֲרֹן אֶת־דָּמוֹ
עַל־הַמִּזְבֵּחַ סָבִיב

And he shall lay * his hand upon the head of his offering,
and kill * it before the tent of meeting;
and Aaron's sons shall dash * the blood thereof
against the altar round about.

(9)

וְהִקְרִיב מִזֶּבַח הַשְּׁלָמִים
אִשֶּׁה לַיהוה
חֶלְבּוֹ הָאַלְיָה תְמִימָה
לְעֻמַּת הֶעָצֶה יְסִירֶנָּה
וְאֶת־הַחֵלֶב הַמְכַסֶּה אֶת־הַקֶּרֶב
וְאֵת כָּל־הַחֵלֶב אֲשֶׁר עַל־הַקֶּרֶב

And he shall present of the sacrifice of peace-offerings
an offering made by fire to YHVH:
the fat thereof, the fat tail entire,
which he shall take away hard by the rump-bone;
and * the fat that covers * the inwards,
and * all the fat that is upon the inwards,

Level Three וַיִּקְרָא ~ ג

(10)

וְאֵת שְׁתֵּי הַכְּלָיֹת
וְאֶת־הַחֵלֶב אֲשֶׁר עֲלֵהֶן
אֲשֶׁר עַל־הַכְּסָלִים
וְאֶת־הַיֹּתֶרֶת עַל־הַכָּבֵד
עַל־הַכְּלָיֹת יְסִירֶנָּה

and * the two kidneys,

and * the fat that is upon them,

which is by the loins,

and * the lobe above the liver,

which he shall take away by the kidneys.

(11)

וְהִקְטִירוֹ הַכֹּהֵן
הַמִּזְבֵּחָה
לֶחֶם אִשֶּׁה לַיהוה

And the priest shall make it smoke

upon the altar;

it is the food of the offering made by fire to YHVH.

(12)

וְאִם עֵז קָרְבָּנוֹ
וְהִקְרִיבוֹ לִפְנֵי יהוה

And if his offering be a goat,

then he shall present it before YHVH.

(13)

וְסָמַךְ אֶת-יָדוֹ עַל-רֹאשׁ
ו וְשָׁחַט אֹתוֹ לִפְנֵי אֹהֶל מוֹעֵד
וְזָרְקוּ בְּנֵי אַהֲרֹן אֶת-דָּמוֹ
עַל-הַמִּזְבֵּחַ סָבִיב

*And he shall lay * his hand upon the head of it,*
*and kill * it before the tent of meeting;*
*and the sons of Aaron shall dash * the blood thereof*
against the altar round about.

(14)

וְהִקְרִיב מִמֶּנּוּ קָרְבָּנוֹ
אִשֶּׁה לַיהוה
אֶת-הַחֵלֶב הַמְכַסֶּה אֶת-הַקֶּרֶב
וְאֵת כָּל-הַחֵלֶב אֲשֶׁר עַל-הַקֶּרֶב

And he shall present thereof his offering,
even an offering made by fire to YHVH:
** the fat that covers * the inwards,*
*and * all the fat that is upon the inwards,*

(15)

וְאֵת שְׁתֵּי הַכְּלָיֹת
וְאֶת-הַחֵלֶב אֲשֶׁר עֲלֵהֶן
אֲשֶׁר עַל-הַכְּסָלִים
וְאֶת-הַיֹּתֶרֶת עַל-הַכָּבֵד
עַל-הַכְּלָיֹת יְסִירֶנָּה

Level Three   וַיִּקְרָא ~ ג

and * the two kidneys,

and * the fat that is upon them,

which is by the loins,

and * the lobe above the liver,

which he shall take away by the kidneys.

(16)

וְהִקְטִירָם הַכֹּהֵן הַמִּזְבֵּחָה

לֶחֶם אִשֶּׁה

לְרֵיחַ נִיחֹחַ כָּל-חֵלֶב לַיהוה

And the priest shall make them smoke upon the altar;

it is the food of the offering made by fire,

a sweet savor; all the fat is YHVH's.

(17)

חֻקַּת עוֹלָם לְדֹרֹתֵיכֶם

בְּכֹל מוֹשְׁבֹתֵיכֶם

כָּל-חֵלֶב וְכָל-דָּם לֹא תֹאכֵלוּ

It shall be a perpetual statute throughout your generations

in all your dwellings,

all fat and all blood you shall not eat.

Chapter Four

Sin Offerings For Unintentional Sin

(1) וַיְדַבֵּר יהוה אֶל־מֹשֶׁה לֵּאמֹר (*And YHVH spoke to Moses saying*):

(2)

דַּבֵּר אֶל־בְּנֵי יִשְׂרָאֵל לֵאמֹר

נֶפֶשׁ כִּי־תֶחֱטָא בִשְׁגָגָה

מִכֹּל מִצְוֹת יהוה

אֲשֶׁר לֹא תֵעָשֶׂינָה

וְעָשָׂה מֵאַחַת מֵהֵנָּה

Speak to the children of Israel, saying:
If any one shall sin through error,
from all the instructions of YHVH
which should not to be done,
and shall do any one of them:

If The Priest Unintentionally Sins

(3)

אִם הַכֹּהֵן הַמָּשִׁיחַ

יֶחֱטָא לְאַשְׁמַת הָעָם

וְהִקְרִיב עַל חַטָּאתוֹ אֲשֶׁר חָטָא

פַּר בֶּן־בָּקָר תָּמִים

לַיהוה לְחַטָּאת

Level Three
וַיִּקְרָא ~ ד

if the anointed priest
shall sin so as to bring guilt on the people,
then let him offer for his sin, which he has sinned,
a young bullock, a son of a herd, without blemish
to YHVH for a sin-offering.

(4)

וְהֵבִיא אֶת-הַפָּר
אֶל-פֶּתַח אֹהֶל מוֹעֵד לִפְנֵי יהוה
וְסָמַךְ אֶת-יָדוֹ
עַל-רֹאשׁ הַפָּר
וְשָׁחַט אֶת-הַפָּר לִפְנֵי יהוה

*And he shall bring * the bullock*
to the door of the tent of meeting before YHVH;
*and he shall lay * his hand*
upon the head of the bullock,
*and kill * the bullock before YHVH.*

(5)

וְלָקַח הַכֹּהֵן הַמָּשִׁיחַ
מִדַּם הַפָּר
וְהֵבִיא אֹתוֹ אֶל-אֹהֶל מוֹעֵד

And the anointed priest shall take
of the blood of the bullock,
*and bring * it to the tent of meeting.*

Leviticus ~ 4

(6)

וְטָבַל הַכֹּהֵן אֶת־אֶצְבָּעוֹ בַּדָּם
וְהִזָּה מִן־הַדָּם שֶׁבַע פְּעָמִים לִפְנֵי יהוה
אֶת־פְּנֵי פָּרֹכֶת הַקֹּדֶשׁ

And the priest shall dip * his finger in the blood,
and sprinkle of the blood seven times before YHVH,
* faces of the veil of the sanctuary.

(7)

וְנָתַן הַכֹּהֵן מִן־הַדָּם
עַל־קַרְנוֹת מִזְבַּח
קְטֹרֶת הַסַּמִּים לִפְנֵי יהוה
אֲשֶׁר בְּאֹהֶל מוֹעֵד

And the priest shall put of the blood
upon the horns of the altar
of sweet incense before YHVH,
which is in the tent of meeting;

וְאֵת כָּל־דַּם הַפָּר
יִשְׁפֹּךְ אֶל־יְסוֹד מִזְבַּח הָעֹלָה
אֲשֶׁר־פֶּתַח אֹהֶל מוֹעֵד

and * all the blood of the bullock
shall he pour out at the base of the altar of burnt-offering,
which is at the door of the tent of meeting.

(8)

וְאֶת-כָּל-חֵלֶב פַּר
הַחַטָּאת יָרִים מִמֶּנּוּ
אֶת-הַחֵלֶב הַמְכַסֶּה עַל-הַקֶּרֶב
וְאֵת כָּל-הַחֵלֶב אֲשֶׁר עַל-הַקֶּרֶב

*And * all the fat of the bullock*
of the sin-offering he shall take off from it;
** the fat that covers the inwards,*
*and * all the fat that is upon the inwards,*

(9)

וְאֵת שְׁתֵּי הַכְּלָיֹת
וְאֶת-הַחֵלֶב אֲשֶׁר עֲלֵיהֶן
אֲשֶׁר עַל-הַכְּסָלִים

*and * the two kidneys,*
*and * the fat that is upon them,*
which is by the loins,

וְאֶת-הַיֹּתֶרֶת עַל-הַכָּבֵד
עַל-הַכְּלָיוֹת יְסִירֶנָּה

*and * the lobe above the liver,*
which he shall take away by the kidneys,

Leviticus ~ 4

(10)

כַּאֲשֶׁר יוּרַם מִשּׁוֹר

זֶבַח הַשְּׁלָמִים

וְהִקְטִירָם הַכֹּהֵן

עַל מִזְבַּח הָעֹלָה

as it is taken off from the ox
of the sacrifice of peace-offerings;
and the priest shall make them smoke
upon the altar of burnt- offering.

(11)

וְאֶת-עוֹר הַפָּר

וְאֶת-כָּל-בְּשָׂרוֹ

עַל-רֹאשׁוֹ וְעַל-כְּרָעָיו

וְקִרְבּוֹ וּפִרְשׁוֹ

*But * the skin of the bullock,*
*and * all its flesh,*
with its head, and with its legs,
and its inwards, and its dung,

(12)

וְהוֹצִיא אֶת-כָּל-הַפָּר

אֶל-מִחוּץ לַמַּחֲנֶה אֶל-מָקוֹם טָהוֹר

אֶל-שֶׁפֶךְ הַדֶּשֶׁן

וְשָׂרַף אֹתוֹ עַל-עֵצִים בָּאֵשׁ

עַל-שֶׁפֶךְ הַדֶּשֶׁן יִשָּׂרֵף

Level Three

ויקרא ~ ד

even * the whole bullock shall he carry forth
without the camp to a clean place,
where the ashes are poured out,
and burn * it on wood with fire;
where the ashes are poured out shall it be burnt.

If The Assembly Unintentionally Sins

(13)

וְאִם כָּל־עֲדַת יִשְׂרָאֵל יִשְׁגּוּ
וְנֶעְלַם דָּבָר מֵעֵינֵי הַקָּהָל
וְעָשׂוּ אַחַת מִכָּל־מִצְוֺת יהוה
אֲשֶׁר לֹא־תֵעָשֶׂינָה
וְאָשֵׁמוּ

And if the whole congregation of Israel shall err,
the thing being hid from the eyes of the assembly,
and they do one from all instructions of YHVH
which should not be done,
and they are guilty:

(14)

וְנוֹדְעָה הַחַטָּאת אֲשֶׁר חָטְאוּ עָלֶיהָ
וְהִקְרִיבוּ הַקָּהָל פַּר בֶּן־בָּקָר

when the sin wherein they have sinned is known,
then the assembly shall offer a young bullock, a son of a herd,

לְחַטָּאת וְהֵבִיאוּ אֹתוֹ
לִפְנֵי אֹהֶל מוֹעֵד

for a sin-offering, and bring * it
before the tent of meeting.

(15)

וְסָמְכוּ זִקְנֵי הָעֵדָה אֶת־יְדֵיהֶם
עַל־רֹאשׁ הַפָּר לִפְנֵי יהוה
וְשָׁחַט אֶת־הַפָּר לִפְנֵי יהוה

And the elders of the congregation shall lay * their hands
upon the head of the bullock before YHVH;
and * the bullock shall be killed before YHVH.

(16)

וְהֵבִיא הַכֹּהֵן הַמָּשִׁיחַ
מִדַּם הַפָּר
אֶל־אֹהֶל מוֹעֵד

And the anointed priest shall bring
from the blood of the bullock
to the tent of meeting.

(17)

וְטָבַל הַכֹּהֵן אֶצְבָּעוֹ מִן־הַדָּם
וְהִזָּה שֶׁבַע פְּעָמִים לִפְנֵי יהוה
אֵת פְּנֵי הַפָּרֹכֶת

Level Three   וַיִּקְרָא ~ ד

And the priest shall dip his finger from the blood,

and sprinkle it seven times before YHVH,

* faces of the veil.

(18)

וּמִן־הַדָּם יִתֵּן

עַל־קַרְנֹת הַמִּזְבֵּחַ אֲשֶׁר לִפְנֵי יהוה

אֲשֶׁר בְּאֹהֶל מוֹעֵד

And he shall put from the blood

upon the horns of the altar which is before YHVH,

that is in the tent of meeting,

וְאֵת כָּל־הַדָּם

יִשְׁפֹּךְ אֶל־יְסוֹד מִזְבַּח הָעֹלָה

אֲשֶׁר־פֶּתַח אֹהֶל מוֹעֵד

and * all the blood

shall he pour out at the base of the altar of burnt-offering,

which is at the door of the tent of meeting.

(19)

וְאֵת כָּל־חֶלְבּוֹ יָרִים מִמֶּנּוּ

וְהִקְטִיר הַמִּזְבֵּחָה

And * all the fat thereof shall he take off from it,

and make it smoke upon the altar.

(20)

וְעָשָׂה לַפָּר
כַּאֲשֶׁר עָשָׂה לְפַר הַחַטָּאת
כֵּן יַעֲשֶׂה-לּוֹ
וְכִפֶּר עֲלֵהֶם הַכֹּהֵן
וְנִסְלַח לָהֶם

Thus shall he do with the bullock;

as he did with the bullock of the sin-offering,

so shall he do to him;

and the priest shall make atonement for them,

and they shall be forgiven.

(21)

וְהוֹצִיא אֶת-הַפָּר אֶל-מִחוּץ לַמַּחֲנֶה
וְשָׂרַף אֹתוֹ כַּאֲשֶׁר שָׂרַף אֵת הַפָּר הָרִאשׁוֹן
חַטַּאת הַקָּהָל הוּא

And he shall carry forth * the bullock without the camp,

and burn * it as he burned the first * bullock;

it is the sin-offering for the assembly.

If The Ruler Unintentionally Sins

(22)

אֲשֶׁר נָשִׂיא יֶחֱטָא
וְעָשָׂה אַחַת מִכָּל-מִצְוֹת יהוה אֱלֹהָיו
אֲשֶׁר לֹא-תֵעָשֶׂינָה בִּשְׁגָגָה וְאָשֵׁם

Level Three

וַיִּקְרָא ~ ד

When a ruler sins,

and does through error any one of all the instructions of YHVH his God

which should not be done, and is guilty:

(23)

אוֹ-הוֹדַע אֵלָיו חַטָּאתוֹ אֲשֶׁר חָטָא בָּהּ

וְהֵבִיא אֶת-קָרְבָּנוֹ שְׂעִיר עִזִּים, זָכָר תָּמִים

or his sin, wherein he has sinned, be known to him,

*he shall bring for * his offering a hairy goat,*

a male without blemish.

(24)

וְסָמַךְ יָדוֹ עַל-רֹאשׁ הַשָּׂעִיר

וְשָׁחַט אֹתוֹ בִּמְקוֹם

אֲשֶׁר-יִשְׁחַט אֶת-הָעֹלָה לִפְנֵי יהוה

חַטָּאת הוּא

And he shall lay his hand upon the head of the hairy goat,

*and kill * it in the place*

*where they kill * the burnt-offering before YHVH;*

it is a sin-offering.

(25)

וְלָקַח הַכֹּהֵן מִדַּם

הַחַטָּאת בְּאֶצְבָּעוֹ

And the priest shall take of the blood

of the sin-offering with his finger,

35

וְנָתַן עַל-קַרְנֹת מִזְבַּח הָעֹלָה
וְאֶת-דָּמוֹ יִשְׁפֹּךְ
אֶל-יְסוֹד מִזְבַּח הָעֹלָה

and put it upon the horns of the altar of burnt-offering,
*and the remaining * blood thereof shall he pour out*
at the base of the altar of burnt-offering.

(26)

וְאֶת-כָּל-חֶלְבּוֹ יַקְטִיר הַמִּזְבֵּחָה
כְּחֵלֶב זֶבַח הַשְּׁלָמִים
וְכִפֶּר עָלָיו הַכֹּהֵן מֵחַטָּאתוֹ
וְנִסְלַח לוֹ

*And * all the fat thereof shall he make smoke upon the altar,*
as the fat of the sacrifice of peace-offerings;
and the priest shall make a shelter over him from his sin,
and he shall be forgiven.

If An Individual Unintentionally Sins

(27)

וְאִם-נֶפֶשׁ אַחַת תֶּחֱטָא בִשְׁגָגָה מֵעַם הָאָרֶץ
בַּעֲשֹׂתָהּ אַחַת מִמִּצְוֹת יהוה
אֲשֶׁר לֹא-תֵעָשֶׂינָה וְאָשֵׁם

Level Three   וַיִּקְרָא ~ ד

And if any one of the people of the land sin through error,

in doing any of the instructions of YHVH

which shall not be done, and be guilty:

(28)

אוֹ הוֹדַע אֵלָיו חַטָּאתוֹ אֲשֶׁר חָטָא

וְהֵבִיא קָרְבָּנוֹ שְׂעִירַת עִזִּים

תְּמִימָה נְקֵבָה

עַל־חַטָּאתוֹ אֲשֶׁר חָטָא

or his sin, which he has sinned, be known to him,

then he shall bring for his offering a hairy goat,

a female without blemish,

for his sin which he has sinned.

(29)

וְסָמַךְ אֶת־יָדוֹ

עַל רֹאשׁ הַחַטָּאת

וְשָׁחַט אֶת־הַחַטָּאת

בִּמְקוֹם הָעֹלָה

*And he shall lay * his hand*

upon the head of the sin-offering,

*and kill * the sin-offering*

in the place of burnt-offering.

37

(30)

וְלָקַח הַכֹּהֵן

מִדָּמָהּ בְּאֶצְבָּעוֹ

וְנָתַן עַל־קַרְנֹת מִזְבַּח הָעֹלָה

וְאֶת־כָּל־דָּמָהּ

יִשְׁפֹּךְ אֶל־יְסוֹד הַמִּזְבֵּחַ

And the priest shall take

of the blood thereof with his finger,

and put it upon the horns of the altar of burnt-offering,

and * all the blood thereof

shall he pour out at the base of the altar.

(31)

וְאֶת־כָּל־חֶלְבָּהּ יָסִיר

כַּאֲשֶׁר הוּסַר חֵלֶב מֵעַל זֶבַח הַשְּׁלָמִים

וְהִקְטִיר הַכֹּהֵן הַמִּזְבֵּחָה

לְרֵיחַ נִיחֹחַ לַיהוה

וְכִפֶּר עָלָיו הַכֹּהֵן

וְנִסְלַח לוֹ

And * all the fat thereof shall he take away,

as the fat is taken away from off the sacrifice of peace-offerings;

and the priest shall make it smoke upon the altar

for a sweet savor to YHVH;

and the priest shall make a shelter for him,

and he shall be forgiven.

Level Three   וַיִּקְרָא ~ ד

(32)

וְאִם־כֶּבֶשׂ יָבִיא קָרְבָּנוֹ לְחַטָּאת

נְקֵבָה תְמִימָה יְבִיאֶנָּה

And if he bring a lamb as his offering for a sin-offering,

he shall bring it a female without blemish.

(33)

וְסָמַךְ אֶת־יָדוֹ עַל רֹאשׁ הַחַטָּאת

וְשָׁחַט אֹתָהּ לְחַטָּאת

בִּמְקוֹם אֲשֶׁר יִשְׁחַט אֶת־הָעֹלָה

*And he shall lay * his hand upon the head of the sin-offering,*

*and kill * it for a sin-offering*

*in the place where they kill * the burnt- offering.*

(34)

וְלָקַח הַכֹּהֵן מִדַּם

הַחַטָּאת בְּאֶצְבָּעוֹ

וְנָתַן עַל־קַרְנֹת מִזְבַּח הָעֹלָה

וְאֶת־כָּל־דָּמָהּ

יִשְׁפֹּךְ אֶל־יְסוֹד הַמִּזְבֵּחַ

And the priest shall take of the blood

of the sin-offering with his finger,

and put it upon the horns of the altar of burnt-offering,

*and * all the blood thereof*

shall he pour out at the base of the altar.

39

(35)

וְאֶת-כָּל-חֶלְבָּהּ יָסִיר
כַּאֲשֶׁר יוּסַר חֵלֶב-הַכֶּשֶׂב
מִזֶּבַח הַשְּׁלָמִים
וְהִקְטִיר הַכֹּהֵן אֹתָם הַמִּזְבֵּחָה

*And * all the fat thereof shall he take away,*
as the fat of the lamb is taken away
from the sacrifice of peace-offerings;
*and the priest shall make * them smoke on the altar,*

עַל אִשֵּׁי יהוה
וְכִפֶּר עָלָיו הַכֹּהֵן
עַל-חַטָּאתוֹ אֲשֶׁר-חָטָא
וְנִסְלַח לוֹ

upon the offerings of YHVH made by fire;
and the priest shall make a shelter for him
concerning his sin that he has sinned,
and he shall be forgiven.

Chapter Five

Variable Offerings

(1)

וְנֶפֶשׁ כִּי-תֶחֱטָא וְשָׁמְעָה קוֹל אָלָה

וְהוּא עֵד אוֹ רָאָה אוֹ יָדָע

אִם-לוֹא יַגִּיד וְנָשָׂא עֲוֹנוֹ

And if any one sin, in that he hears the voice of adjuration,

amd he being a witness, whether he has seen or known,

if he does not utter it, then he shall bear his iniquity;

(2)

אוֹ נֶפֶשׁ אֲשֶׁר תִּגַּע בְּכָל-דָּבָר טָמֵא

אוֹ בְנִבְלַת חַיָּה טְמֵאָה

אוֹ בְּנִבְלַת בְּהֵמָה טְמֵאָה

אוֹ בְּנִבְלַת שֶׁרֶץ טָמֵא

וְנֶעְלַם מִמֶּנּוּ

וְהוּא טָמֵא וְאָשֵׁם

or if any one touch any unclean thing,

whether it be the carcass of an unclean beast,

or the carcass of unclean cattle,

or the carcass of unclean swarming things,

and it being hidden from him

and he is unclean; and he is guilty,

(3)

אוֹ כִי יִגַּע בְּטֻמְאַת אָדָם
לְכֹל טֻמְאָתוֹ אֲשֶׁר יִטְמָא בָּהּ
וְנֶעְלַם מִמֶּנּוּ
וְהוּא יָדַע וְאָשֵׁם

or if he touch the uncleanness of man,
whatsoever his uncleanness be wherewith he is unclean,
and it be hid from him;
and, when knows of it, and he is guilty;

(4)

אוֹ נֶפֶשׁ כִּי תִשָּׁבַע לְבַטֵּא בִשְׂפָתַיִם
לְהָרַע אוֹ לְהֵיטִיב
לְכֹל אֲשֶׁר יְבַטֵּא הָאָדָם בִּשְׁבֻעָה
וְנֶעְלַם מִמֶּנּוּ וְהוּא־יָדַע
וְאָשֵׁם לְאַחַת מֵאֵלֶּה

or if any one swear clearly with his lips
to do evil, or to do good,
whatsoever it be that a man shall utter clearly with an oath,
and it be hid from him; and, when knows of it,
and he is guilty to one of these things;

(5)

וְהָיָה כִי־יֶאְשַׁם לְאַחַת מֵאֵלֶּה
וְהִתְוַדָּה אֲשֶׁר חָטָא עָלֶיהָ

Level Three ויקרא ~ ה

and it shall be, when he shall be guilty in one of these things,

that he shall confess that wherein he has sinned;

(6)

וְהֵבִיא אֶת-אֲשָׁמוֹ לַיהוה

עַל חַטָּאתוֹ אֲשֶׁר חָטָא

נְקֵבָה מִן-הַצֹּאן כִּשְׂבָּה אוֹ-שְׂעִירַת עִזִּים

לְחַטָּאת

וְכִפֶּר עָלָיו הַכֹּהֵן מֵחַטָּאתוֹ

and he shall bring * his guilt offering to YHVH

for his sin which he has sinned,

a female from the flock, a sheep or a hairy goat,

for a sin-offering;

and the priest shall make a shelter over him as concerning his sin.

(7)

וְאִם-לֹא תַגִּיעַ יָדוֹ דֵּי שֶׂה

וְהֵבִיא אֶת-אֲשָׁמוֹ אֲשֶׁר חָטָא

שְׁתֵּי תֹרִים אוֹ-שְׁנֵי בְנֵי-יוֹנָה לַיהוה

אֶחָד לְחַטָּאת וְאֶחָד לְעֹלָה

And if his means suffice not for a flockling,

then he shall bring * his guilt offering for that wherein he has sinned,

two turtle-doves, or two sons of a dove, to YHVH:

one for a sin-offering, and one for a burnt-offering.

Leviticus ~ 5

(8)

וְהֵבִיא אֹתָם אֶל־הַכֹּהֵן
וְהִקְרִיב אֶת־אֲשֶׁר לַחַטָּאת רִאשׁוֹנָה
וּמָלַק אֶת־רֹאשׁוֹ מִמּוּל עָרְפּוֹ
וְלֹא יַבְדִּיל

*And he shall bring * them to the priest,*

*who shall offer * that which is for the sin-offering first,*

*and pinch off * its head close by its neck,*

but shall not divide it asunder.

(9)

וְהִזָּה מִדַּם הַחַטָּאת
עַל־קִיר הַמִּזְבֵּחַ
וְהַנִּשְׁאָר בַּדָּם יִמָּצֵה אֶל־יְסוֹד הַמִּזְבֵּחַ
חַטָּאת הוּא

And he shall sprinkle of the blood of the sin-offering

upon the side of the altar;

and the rest of the blood shall be drained out at the base of the altar;

it is a sin-offering.

(10)

וְאֶת־הַשֵּׁנִי יַעֲשֶׂה עֹלָה
כַּמִּשְׁפָּט
וְכִפֶּר עָלָיו הַכֹּהֵן
מֵחַטָּאתוֹ אֲשֶׁר־חָטָא וְנִסְלַח לוֹ

Level Three   וַיִּקְרָא ~ ה

And he shall prepare * the second for a burnt-offering,

according to the ordinance;

and the priest shall make a shelter over him

from his sin which he has sinned, and he shall be forgiven.

(11)

וְאִם-לֹא תַשִּׂיג יָדוֹ לִשְׁתֵּי תֹרִים

אוֹ לִשְׁנֵי בְנֵי-יוֹנָה

וְהֵבִיא אֶת-קָרְבָּנוֹ אֲשֶׁר חָטָא

עֲשִׂירִת הָאֵפָה סֹלֶת לְחַטָּאת

But if his means suffice not for two turtledoves,

or two sons of a dove,

then he shall bring * his offering for that wherein he has sinned,

the tenth part of an ephah of fine flour for a sin-offering;

לֹא-יָשִׂים עָלֶיהָ שֶׁמֶן

וְלֹא-יִתֵּן עָלֶיהָ לְבֹנָה

כִּי חַטָּאת הִוא

he shall put no oil upon it,

neither shall he put any frankincense thereon;

for it is a sin-offering.

(12)

וֶהֱבִיאָהּ אֶל-הַכֹּהֵן

And he shall bring it to the priest,

וְקָמַץ הַכֹּהֵן מִמֶּנָּה
מְלוֹא קֻמְצוֹ אֶת-אַזְכָּרָתָהּ
וְהִקְטִיר הַמִּזְבֵּחָה
עַל אִשֵּׁי יהוה
חַטָּאת הִוא

and the priest shall take from it
*his handful of it as * the memorial-part thereof,*
and make it smoke on the altar,
upon the offerings of YHVH made by fire;
it is a sin-offering.

(13)

וְכִפֶּר עָלָיו הַכֹּהֵן
עַל-חַטָּאתוֹ אֲשֶׁר-חָטָא מֵאַחַת מֵאֵלֶּה
וְנִסְלַח
לוֹ וְהָיְתָה לַכֹּהֵן כַּמִּנְחָה

And the priest shall make atonement for him
as touching his sin that he has sinned in any of these things,
and he shall be forgiven;
and the remnant shall be the priest's, as the meal-offering.

Guilt Offering

(14) וַיְדַבֵּר יהוה אֶל-מֹשֶׁה לֵּאמֹר (*And YHVH spoke to Moses saying*):

Level Three ויקרא ~ ה

(15)

נֶפֶשׁ כִּי־תִמְעֹל מַעַל
וְחָטְאָה בִּשְׁגָגָה
מִקָּדְשֵׁי יהוה
וְהֵבִיא אֶת־אֲשָׁמוֹ לַיהוה

If any one commit a trespass,

and sin through error,

in the holy things of YHVH,

then he shall bring hi s* guilt offering to YHVH,

אַיִל תָּמִים מִן־הַצֹּאן
בְּעֶרְכְּךָ כֶּסֶף־שְׁקָלִים
בְּשֶׁקֶל־הַקֹּדֶשׁ
לְאָשָׁם

a ram without blemish out of the flock,

according to your valuation in silver by shekels,

after the shekel of the sanctuary,

for a guilt-offering.

(16)

וְאֵת אֲשֶׁר חָטָא מִן־הַקֹּדֶשׁ
יְשַׁלֵּם וְאֶת־חֲמִישִׁתוֹ יוֹסֵף עָלָיו

And * that which he has sinned from the holy thing,

he shall repay and shall add the fifth part thereto,

וְנָתַן אֹתוֹ לַכֹּהֵן וְהַכֹּהֵן יְכַפֵּר עָלָיו
בְּאֵיל הָאָשָׁם
וְנִסְלַח לוֹ

and he shall give * it to the priest;
and the priest shall make atonement for him
with the ram of the guilt-offering,
and he shall be forgiven.

(17)

וְאִם-נֶפֶשׁ כִּי תֶחֱטָא וְעָשְׂתָה
אַחַת מִכָּל-מִצְוֹת יהוה
אֲשֶׁר לֹא תֵעָשֶׂינָה
וְלֹא-יָדַע
וְאָשֵׁם וְנָשָׂא עֲוֺנוֹ

And if any one sin, and does
any of the instructions of YHVH
which shall not be done,
and he knows not,
and he is guilty, and shall bear his iniquity.

(18)

וְהֵבִיא אַיִל תָּמִים מִן-הַצֹּאן
בְּעֶרְכְּךָ לְאָשָׁם אֶל-הַכֹּהֵן

And he shall bring a ram without blemish out of the flock,
according to your valuation, for a guilt-offering, to the priest;

Level Three

וַיִּקְרָא ~ ה

וְכִפֶּר עָלָיו הַכֹּהֵן
עַל שִׁגְגָתוֹ אֲשֶׁר־שָׁגָג וְהוּא
לֹא־יָדַע וְנִסְלַח לוֹ

and the priest shall make atonement for him
concerning the error which he committed,
though he knew it not, and he shall be forgiven.

(19)

אָשָׁם הוּא
אָשֹׁם אָשַׁם לַיהוה

It is a guilt-offering -
he is certainly guilty before YHVH.

Chapter Six

Guilt Offering Continue

(1) (5:20) וַיְדַבֵּר יהוה אֶל־מֹשֶׁה לֵּאמֹר (*And YHVH spoke to Moses saying*):

(2) (5:21)

נֶפֶשׁ כִּי תֶחֱטָא וּמָעֲלָה מַעַל בַּיהוה

וְכִחֵשׁ בַּעֲמִיתוֹ בְּפִקָּדוֹן

אוֹ־בִתְשׂוּמֶת יָד אוֹ בְגָזֵל

אוֹ עָשַׁק אֶת־עֲמִיתוֹ

If any one sin, and commit a trespass against YHVH,
and deal falsely with his neighbor in a matter of deposit,
or of pledge, or of robbery,
or have oppressed his neighbor;

(3) (5:22)

אוֹ־מָצָא אֲבֵדָה

וְכִחֶשׁ בָּהּ וְנִשְׁבַּע עַל־שָׁקֶר

עַל־אַחַת מִכֹּל אֲשֶׁר־יַעֲשֶׂה הָאָדָם

לַחֲטֹא בָהֵנָּה

or have found that which was lost,
and deal falsely therein, and swear to a lie;
on one of all these that a man does,
sinning therein;

Level Three

וַיִּקְרָא ~ ו

(4) (5:23)

וְהָיָה כִּי־יֶחֱטָא וְאָשֵׁם
וְהֵשִׁיב אֶת־הַגְּזֵלָה אֲשֶׁר גָּזָל
אוֹ אֶת־הָעֹשֶׁק אֲשֶׁר עָשָׁק
אוֹ אֶת־הַפִּקָּדוֹן אֲשֶׁר הָפְקַד אִתּוֹ
אוֹ אֶת־הָאֲבֵדָה אֲשֶׁר מָצָא

then it shall be, if he has sinned, and is guilty,

and he shall restore * the pillage he took by robbery,

or * the extortion which he has gotten by oppression,

or the deposit which was deposited with * it,

or the lost thing which he found,

(5) (5:24)

אוֹ מִכֹּל אֲשֶׁר־יִשָּׁבַע עָלָיו לַשֶּׁקֶר
וְשִׁלַּם אֹתוֹ בְּרֹאשׁוֹ
וַחֲמִשִׁתָיו יֹסֵף עָלָיו
לַאֲשֶׁר הוּא לוֹ יִתְּנֶנּוּ
בְּיוֹם אַשְׁמָתוֹ

or any thing about which he has sworn falsely,

he shall even restore * it in full,

and shall add the fifth part more thereto;

to him to whom it appertains shall he give it,

in the day of his being guilty.

(6) (5:25)

וְאֶת־אֲשָׁמוֹ יָבִיא לַיהוה
אַיִל תָּמִים מִן־הַצֹּאן
בְּעֶרְכְּךָ
לְאָשָׁם אֶל־הַכֹּהֵן

And he shall bring * his guilt offering to YHVH,
a ram without blemish out of the flock,
according to your valuation,
for a guilt-offering, to the priest.

(7) (5:26)

וְכִפֶּר עָלָיו הַכֹּהֵן לִפְנֵי יהוה
וְנִסְלַח לוֹ עַל־אַחַת מִכֹּל
אֲשֶׁר־יַעֲשֶׂה לְאַשְׁמָה בָהּ

And the priest shall make atonement for him before YHVH,
and he shall be forgiven, concerning everything
which he is doing so as to be guilty thereby.

Burnt Offering

(8) (6:1) וַיְדַבֵּר יהוה אֶל־מֹשֶׁה לֵּאמֹר (*And YHVH spoke to Moses saying*):

(9) (6:2)

צַו אֶת־אַהֲרֹן וְאֶת־בָּנָיו לֵאמֹר
זֹאת תּוֹרַת הָעֹלָה

Level Three

וַיִּקְרָא ~ ו

Command * Aaron and his sons, saying:
This is the law of the burnt-offering:

הִוא הָעֹלָה עַל מוֹקְדָה עַל־הַמִּזְבֵּחַ

כָּל־הַלַּיְלָה עַד־הַבֹּקֶר

וְאֵשׁ הַמִּזְבֵּחַ תּוּקַד בּוֹ

it is the offereing on the burning upon the altar
all night to the morning;
and the fire of the altar shall be kept burning thereby.

(10) (6:3)

וְלָבַשׁ הַכֹּהֵן מִדּוֹ בַד

וּמִכְנְסֵי־בַד יִלְבַּשׁ עַל־בְּשָׂרוֹ

וְהֵרִים אֶת־הַדֶּשֶׁן אֲשֶׁר

תֹּאכַל הָאֵשׁ אֶת־הָעֹלָה עַל־הַמִּזְבֵּחַ

וְשָׂמוֹ אֵצֶל הַמִּזְבֵּחַ

And the priest shall put on his linen garment,
and his linen breeches shall he put upon his flesh;
and he shall take up * the ashes where
the fire has consumed * the burnt-offering on the altar,
and he shall put them beside the altar.

(11) (6:4)

וּפָשַׁט אֶת־בְּגָדָיו

And he shall put off * his garments,

וְלָבַשׁ בְּגָדִים אֲחֵרִים
וְהוֹצִיא אֶת־הַדֶּשֶׁן
אֶל־מִחוּץ לַמַּחֲנֶה אֶל־מָקוֹם טָהוֹר

and put on other garments,

and carry forth * the ashes

without the camp to a clean place.

(12) (6:5)

וְהָאֵשׁ עַל־הַמִּזְבֵּחַ תּוּקַד־בּוֹ
לֹא תִכְבֶּה
וּבִעֵר עָלֶיהָ הַכֹּהֵן עֵצִים בַּבֹּקֶר

And the fire upon the altar shall be kept burning thereby,

it shall not go out;

and the priest shall kindle wood on it every morning;

בַּבֹּקֶר וְעָרַךְ עָלֶיהָ הָעֹלָה
וְהִקְטִיר עָלֶיהָ
חֶלְבֵי הַשְּׁלָמִים

and he shall lay the burnt-offering in order upon it,

and shall make smoke thereon

the fat of the peace-offerings.

(13) (6:6)

אֵשׁ תָּמִיד תּוּקַד עַל־הַמִּזְבֵּחַ
לֹא תִכְבֶּה

Level Three

וַיִּקְרָא ~ ו

Fire shall be kept burning upon the altar continually;
it shall not go out.

Meal Offering

(14) (6:7)

וְזֹאת תּוֹרַת הַמִּנְחָה
הַקְרֵב אֹתָהּ בְּנֵי־אַהֲרֹן לִפְנֵי יהוה
אֶל־פְּנֵי הַמִּזְבֵּחַ

And this is the law of the meal-offering:
*the sons of Aaron shall offer * it before YHVH,*
in front of the altar.

(15) (6:8)

הֵרִים מִמֶּנּוּ בְּקֻמְצוֹ
מִסֹּלֶת הַמִּנְחָה
וּמִשַּׁמְנָהּ וְאֵת כָּל־הַלְּבֹנָה
אֲשֶׁר עַל־הַמִּנְחָה
וְהִקְטִיר הַמִּזְבֵּחַ
רֵיחַ נִיחֹחַ אַזְכָּרָתָהּ לַיהוה

And he shall take up therefrom his handful,
of the fine flour of the meal-offering,
*and of the oil thereof, and * all the frankincense*
which is upon the meal-offering,
and shall make thereof smoke upon the altar,
a sweet savor, a memorial-part to YHVH.

(16) (6:9)

וְהַנּוֹתֶרֶת מִמֶּנָּה
יֹאכְלוּ אַהֲרֹן וּבָנָיו
מַצּוֹת תֵּאָכֵל בְּמָקוֹם קָדֹשׁ
בַּחֲצַר אֹהֶל־מוֹעֵד יֹאכְלוּהָ

And that which is left thereof

shall Aaron and his sons eat;

it shall be eaten without leaven in a holy place;

in the court of the tent of meeting they shall eat it.

(17) (6:10)

לֹא תֵאָפֶה חָמֵץ
חֶלְקָם נָתַתִּי אֹתָהּ מֵאִשָּׁי
קֹדֶשׁ קָדָשִׁים הִוא
כַּחַטָּאת וְכָאָשָׁם

It shall not be baked with leaven.

*I have given * it as their portion of My offerings made by fire;*

it is most holy,

as the sin- offering, and as the guilt-offering.

(18) (6:11)

כָּל־זָכָר בִּבְנֵי אַהֲרֹן יֹאכְלֶנָּה
חָק־עוֹלָם לְדֹרֹתֵיכֶם
מֵאִשֵּׁי יהוה
כֹּל אֲשֶׁר־יִגַּע בָּהֶם יִקְדָּשׁ

Every male among the children of Aaron may eat of it,
as a due forever throughout your generations,
from the offerings of YHVH made by fire;
whatsoever touches them shall be holy.

(19) (6:12) וַיְדַבֵּר יהוה אֶל-מֹשֶׁה לֵּאמֹר (*And YHVH spoke to Moses saying*):

(20) (6:13)

זֶה קָרְבַּן אַהֲרֹן וּבָנָיו
אֲשֶׁר-יַקְרִיבוּ לַיהוה
בְּיוֹם הִמָּשַׁח אֹתוֹ

This is the offering of Aaron and of his sons,
which they shall offer to YHVH
*in the day when * he is anointed:*

עֲשִׂירִת הָאֵפָה סֹלֶת
מִנְחָה תָּמִיד
מַחֲצִיתָהּ בַּבֹּקֶר
וּמַחֲצִיתָהּ בָּעָרֶב

the tenth part of an ephah of fine flour
for a meal-offering perpetually,
half of it in the morning,
and half thereof in the evening.

(21) (6:14)

עַל-מַחֲבַת בַּשֶּׁמֶן תֵּעָשֶׂה

On a griddle it shall be made with oil;

Leviticus ~ 6

מֻרְבֶּכֶת תְּבִיאֶנָּה
תֻּפִינֵי מִנְחַת פִּתִּים תַּקְרִיב
רֵיחַ-נִיחֹחַ לַיהוה

being fried, you shall bring it in;
in broken pieces shall you offer the meal-offering
a sweet savor to YHVH.

(22) (6:15)

וְהַכֹּהֵן הַמָּשִׁיחַ
תַּחְתָּיו מִבָּנָיו
יַעֲשֶׂה אֹתָהּ חָק-עוֹלָם
לַיהוה כָּלִיל תָּקְטָר

And the anointed priest that shall be
in his stead from among his sons
shall offer * it, it is a due forever;
it shall be wholly made to smoke to YHVH.

(23) (6:16)

וְכָל-מִנְחַת כֹּהֵן
כָּלִיל תִּהְיֶה
לֹא תֵאָכֵל

And every meal-offering of the priest
shall be wholly made to smoke;
it shall not be eaten.

58

Level Three

וַיִּקְרָא ~ ו

Sin Offering

(24) (6:17) וַיְדַבֵּר יהוה אֶל-מֹשֶׁה לֵּאמֹר (And YHVH spoke to Moses saying):

(25) (6:18)

דַּבֵּר אֶל-אַהֲרֹן וְאֶל-בָּנָיו לֵאמֹר
זֹאת תּוֹרַת הַחַטָּאת
בִּמְקוֹם אֲשֶׁר תִּשָּׁחֵט הָעֹלָה תִּשָּׁחֵט
הַחַטָּאת לִפְנֵי יהוה
קֹדֶשׁ קָדָשִׁים הִוא

Speak to Aaron and to his sons, saying:
This is the law of the sin-offering:
in the place where the burnt-offering is killed
shall the sin-offering be killed before YHVH;
it is most holy.

(26) (6:19)

הַכֹּהֵן הַמְחַטֵּא אֹתָהּ יֹאכְלֶנָּה
בְּמָקוֹם קָדֹשׁ תֵּאָכֵל
בַּחֲצַר אֹהֶל מוֹעֵד

*The priest that offers it for sin shall eat * it;*
in a holy place shall it be eaten,
in the court of the tent of meeting.

(27) (6:20)

כֹּל אֲשֶׁר-יִגַּע בִּבְשָׂרָהּ יִקְדָּשׁ

Whatsoever shall touch the flesh thereof shall be holy;

וַאֲשֶׁר יִזֶּה מִדָּמָהּ
עַל-הַבֶּגֶד
אֲשֶׁר יִזֶּה עָלֶיהָ
תְּכַבֵּס בְּמָקוֹם קָדֹשׁ

and when there is sprinkled of the blood
upon any garment,
that whereon it was sprinkled
you shall wash in a holy place.

(28) (6:21)

וּכְלִי-חֶרֶשׂ אֲשֶׁר
תְּבֻשַּׁל-בּוֹ יִשָּׁבֵר
וְאִם-בִּכְלִי נְחֹשֶׁת בֻּשָּׁלָה
וּמֹרַק וְשֻׁטַּף בַּמָּיִם

But the earthen vessel wherein
it is sodden shall be broken;
and if it be sodden in a brazen vessel,
it shall be scoured, and rinsed in water.

(29) (6:22)

כָּל-זָכָר בַּכֹּהֲנִים יֹאכַל אֹתָהּ
קֹדֶשׁ קָדָשִׁים הִוא

*Every male among the priests may eat of * it;*
it is most holy.

Level Three ~ וַיִּקְרָא ו

(30) (6:23)

וְכָל־חַטָּאת
אֲשֶׁר יוּבָא מִדָּמָהּ
אֶל־אֹהֶל מוֹעֵד
לְכַפֵּר בַּקֹּדֶשׁ
לֹא תֵאָכֵל
בָּאֵשׁ תִּשָּׂרֵף

And all sin-offering,

whereof any of the blood is brought

into the tent of meeting

to make atonement in the holy place,

shall not be eaten;

it shall be burnt with fire.

Chapter Seven

Guilt Offering

   (1)

וְזֹאת תּוֹרַת הָאָשָׁם

קֹדֶשׁ קָדָשִׁים הוּא

And this is the law of the guilt-offering:

it is most holy.

   (2)

בִּמְקוֹם אֲשֶׁר יִשְׁחֲטוּ אֶת־הָעֹלָה

יִשְׁחֲטוּ אֶת־הָאָשָׁם

וְאֶת־דָּמוֹ יִזְרֹק

עַל־הַמִּזְבֵּחַ סָבִיב

*In the place where they kill * the burnt-offering*

*shall they kill * the guilt-offering:*

*and * the blood thereof shall be dashed*

against the altar round about.

   (3)

וְאֵת כָּל־חֶלְבּוֹ יַקְרִיב מִמֶּנּוּ

אֵת הָאַלְיָה וְאֶת־הַחֵלֶב הַמְכַסֶּה אֶת־הַקֶּרֶב

*And he shall offer of it * all the fat thereof:*

** the fat tail, and * the fat that covers * the inwards,*

Level Three   וַיִּקְרָא ~ ז

(4)

וְאֵת שְׁתֵּי הַכְּלָיֹת

וְאֶת־הַחֵלֶב אֲשֶׁר עֲלֵיהֶן

אֲשֶׁר עַל־הַכְּסָלִים

וְאֶת־הַיֹּתֶרֶת עַל־הַכָּבֵד

עַל־הַכְּלָיֹת יְסִירֶנָּה

*and * the two kidneys,*

*and * the fat that is on them,*

which is by the loins,

*and * the lobe above the liver,*

he shall take away by the kidneys.

(5)

וְהִקְטִיר אֹתָם הַכֹּהֵן הַמִּזְבֵּחָה

אִשֶּׁה לַיהוה

אָשָׁם הוּא

*And the priest shall make * them smoke upon the altar*

for an offering made by fire to YHVH;

it is a guilt-offering.

(6)

כָּל־זָכָר בַּכֹּהֲנִים יֹאכְלֶנּוּ

בְּמָקוֹם קָדוֹשׁ יֵאָכֵל

Every male among the priests may eat thereof;

it shall be eaten in a holy place;

קֹדֶשׁ קָדָשִׁים הוּא

it is most holy.

(7)

כַּחַטָּאת כָּאָשָׁם
תּוֹרָה אַחַת לָהֶם
הַכֹּהֵן אֲשֶׁר יְכַפֶּר-בּוֹ לוֹ יִהְיֶה

As is the sin-offering, so is the guilt-offering;

there is one law for them;

the priest that makes atonement therewith, he shall have it.

Gifts To The Priest

(8)

וְהַכֹּהֵן הַמַּקְרִיב אֶת-עֹלַת אִישׁ
עוֹר הָעֹלָה אֲשֶׁר הִקְרִיב
לַכֹּהֵן לוֹ יִהְיֶה

And the priest that offers any man's * burnt-offering,

the skin of the burnt-offering which he has offered,

for the priest shall have it for himself.

(9)

וְכָל-מִנְחָה אֲשֶׁר תֵּאָפֶה בַּתַּנּוּר
וְכָל-נַעֲשָׂה בַמַּרְחֶשֶׁת וְעַל-מַחֲבַת
לַכֹּהֵן הַמַּקְרִיב אֹתָהּ לוֹ תִהְיֶה

Level Three　　　　　　　　　　　　　　　　　　ויקרא ~ ז

And every meal-offering that is baked in the oven,
and all that is dressed in the stewing-pan, and on the griddle,
shall be the priest's that offers * it.

(10)

וְכָל־מִנְחָה
בְלוּלָה־בַשֶּׁמֶן וַחֲרֵבָה
לְכָל־בְּנֵי אַהֲרֹן תִּהְיֶה
אִישׁ כְּאָחִיו

And every meal-offering,
mingled with oil, or dry,
shall all the sons of Aaron have,
a man as his brother.

(11)

וְזֹאת תּוֹרַת זֶבַח הַשְּׁלָמִים
אֲשֶׁר יַקְרִיב לַיהוה

And this is the law of the sacrifice of peace-offerings,
which one may offer to YHVH.

Thanksgiving Offering

(12)

אִם עַל־תּוֹדָה יַקְרִיבֶנּוּ
וְהִקְרִיב עַל־זֶבַח הַתּוֹדָה

If he offer it for a thanksgiving,
then he shall offer with the sacrifice of thanksgiving

Leviticus ~ 7

חַלּוֹת מַצּוֹת בְּלוּלֹת בַּשֶּׁמֶן

וּרְקִיקֵי מַצּוֹת מְשֻׁחִים בַּשָּׁמֶן

וְסֹלֶת מֻרְבֶּכֶת חַלֹּת בְּלוּלֹת בַּשָּׁמֶן

unleavened cakes mingled with oil,

and unleavened wafers spread with oil,

and cakes mingled with oil, of fine flour soaked.

(13)

עַל־חַלֹּת לֶחֶם חָמֵץ יַקְרִיב

קָרְבָּנוֹ עַל־זֶבַח תּוֹדַת שְׁלָמָיו

With cakes of leavened bread he shall present

his offering with the sacrifice of his peace-offerings for thanksgiving.

(14)

וְהִקְרִיב מִמֶּנּוּ אֶחָד מִכָּל־קָרְבָּן

תְּרוּמָה לַיהוה

לַכֹּהֵן הַזֹּרֵק אֶת־דַּם

הַשְּׁלָמִים לוֹ יִהְיֶה

And of it he shall present one out of each offering

for a gift to YHVH;

to the priest's that dashes * the blood

of the peace-offerings, it shall be for him.

(15)

וּבְשַׂר זֶבַח תּוֹדַת שְׁלָמָיו

And the flesh of the sacrifice of his thankgiving peace-offerings

66

Level Three

וַיִּקְרָא ~ ז

בְּיוֹם קָרְבָּנוֹ יֵאָכֵל

לֹא-יַנִּיחַ מִמֶּנּוּ עַד-בֹּקֶר

shall be eaten on the day of his offering;

he shall not leave any of it until the morning.

Rejected Offering

(16)

וְאִם-נֶדֶר אוֹ נְדָבָה זֶבַח קָרְבָּנוֹ

בְּיוֹם הַקְרִיבוֹ אֶת-זִבְחוֹ יֵאָכֵל

וּמִמָּחֳרָת וְהַנּוֹתָר מִמֶּנּוּ יֵאָכֵל

But if the sacrifice of his offering be a vow, or a freewill-offering,

*it shall be eaten on the day that he offers * his sacrifice;*

and on the morrow that which remains of it may be eaten.

(17)

וְהַנּוֹתָר מִבְּשַׂר הַזָּבַח

בַּיּוֹם הַשְּׁלִישִׁי בָּאֵשׁ יִשָּׂרֵף

But that which remains of the flesh of the sacrifice

on the third day shall be burnt with fire.

(18)

וְאִם הֵאָכֹל יֵאָכֵל מִבְּשַׂר-זֶבַח שְׁלָמָיו

בַּיּוֹם הַשְּׁלִישִׁי לֹא יֵרָצֶה

And if any of the flesh of the sacrifice of his peace-offerings is eaten

on the third day, it shall not be accepted,

67

הַמַּקְרִיב אֹתוֹ לֹא
יֵחָשֵׁב לוֹ פִּגּוּל יִהְיֶה
וְהַנֶּפֶשׁ הָאֹכֶלֶת מִמֶּנּוּ עֲוֺנָהּ תִּשָּׂא

*neither shall it be imputed to him that offers * it;*
it shall be an abhorred thing,
and the soul that eats of it shall bear his iniquity.

(19)

וְהַבָּשָׂר אֲשֶׁר-יִגַּע בְּכָל-טָמֵא לֹא יֵאָכֵל
בָּאֵשׁ יִשָּׂרֵף
וְהַבָּשָׂרכָּל-טָהוֹר יֹאכַל בָּשָׂר

And the flesh that touches any unclean thing shall not be eaten;
it shall be burnt with fire.
And as for the flesh, every one that is clean may eat thereof.

(20)

וְהַנֶּפֶשׁ אֲשֶׁר-תֹּאכַל בָּשָׂר
מִזֶּבַח הַשְּׁלָמִים אֲשֶׁר לַיהוה
וְטֻמְאָתוֹ עָלָיו
וְנִכְרְתָה הַנֶּפֶשׁ הַהִוא מֵעַמֶּיהָ

But the soul that eats of the flesh
of the sacrifice of peace-offerings that is for YHVH,
having his uncleanness upon him,
and the soul shall be cut off from his people.

(21)

וְנֶפֶשׁ כִּי-תִגַּע בְּכָל-טָמֵא
בְּטֻמְאַת אָדָם אוֹ בִּבְהֵמָה טְמֵאָה
אוֹ בְּכָל-שֶׁקֶץ טָמֵא
וְאָכַל מִבְּשַׂר-זֶבַח הַשְּׁלָמִים
אֲשֶׁר לַיהוה
וְנִכְרְתָה הַנֶּפֶשׁ הַהִוא מֵעַמֶּיהָ

And when any one shall touch any unclean thing,
whether it be the uncleanness of man, or an unclean beast,
or any unclean detestable thing,
and eat of the flesh of the sacrifice of peace-offerings,
which pertain to YHVH,
that soul shall be cut off from his people.

Fat And Blood

(22) וַיְדַבֵּר יהוה אֶל-מֹשֶׁה לֵּאמֹר (*And YHVH spoke to Moses saying*):

(23)

דַּבֵּר אֶל-בְּנֵי יִשְׂרָאֵל לֵאמֹר
כָּל-חֵלֶב שׁוֹר וְכֶשֶׂב וָעֵז לֹא תֹאכֵלוּ

Speak to the children of Israel, saying:
You shall eat no fat, of ox, or sheep, or goat.

(24)

וְחֵלֶב נְבֵלָה
וְחֵלֶב טְרֵפָה
יֵעָשֶׂה לְכָל-מְלָאכָה
וְאָכֹל לֹא תֹאכְלֻהוּ

And the fat of a carcass,
and the fat of that which is torn to pieces,
may be used for any other service;
but you shall in no wise eat of it.

(25)

כִּי כָּל-אֹכֵל חֵלֶב מִן-הַבְּהֵמָה
אֲשֶׁר יַקְרִיב מִמֶּנָּה אִשֶּׁה לַיהוה
וְנִכְרְתָה הַנֶּפֶשׁ הָאֹכֶלֶת מֵעַמֶּיהָ

For whosoever eats the fat of the beast,
of which men present an offering made by fire to YHVH,
even the soul that eats it shall be cut off from his people.

(26)

וְכָל-דָּם לֹא תֹאכְלוּ
בְּכֹל מוֹשְׁבֹתֵיכֶם
לָעוֹף וְלַבְּהֵמָה

And you shall eat no manner of blood,
in any of your dwellings,
whether it be of fowl or of beast.

Level Three

וַיִּקְרָא ~ ז

(27)

כָּל־נֶפֶשׁ אֲשֶׁר־תֹּאכַל כָּל־דָּם
וְנִכְרְתָה הַנֶּפֶשׁ הַהִוא מֵעַמֶּיהָ

Whosoever it be that eats any blood,
that soul shall be cut off from his people.

Parts In Order

(28) וַיְדַבֵּר יהוה אֶל־מֹשֶׁה לֵּאמֹר (*And YHVH spoke to Moses saying*):

(29)

דַּבֵּר אֶל־בְּנֵי יִשְׂרָאֵל לֵאמֹר
הַמַּקְרִיב אֶת־זֶבַח שְׁלָמָיו לַיהוה
יָבִיא אֶת־קָרְבָּנוֹ לַיהוה
מִזֶּבַח שְׁלָמָיו

Speak to the children of Israel, saying:
*He that offers * his sacrifice of peace-offerings to YHVH*
*shall bring * his offering to YHVH*
out of his sacrifice of peace-offerings.

(30)

יָדָיו תְּבִיאֶינָה אֵת אִשֵּׁי יהוה
אֶת־הַחֵלֶב עַל־הֶחָזֶה יְבִיאֶנּוּ

*His own hands shall bring * the offerings of YHVH made by fire:*
** the fat with the breast shall he bring,*

אֵת הֶחָזֶה לְהָנִיף אֹתוֹ
תְּנוּפָה לִפְנֵי יהוה

*the breast for waving * it*
a wave-offering before YHVH.

(31)

וְהִקְטִיר הַכֹּהֵן אֶת-הַחֵלֶב הַמִּזְבֵּחָה
וְהָיָה הֶחָזֶה לְאַהֲרֹן וּלְבָנָיו

*And the priest shall make * the fat smoke upon the altar;*
and the breast shall be Aaron's and his sons'.

(32)

וְאֵת שׁוֹק הַיָּמִין תִּתְּנוּ
תְרוּמָה לַכֹּהֵן
מִזִּבְחֵי שַׁלְמֵיכֶם

*And * the right thigh shall you give*
to the priest for a heave-offering
out of your sacrifices of peace-offerings.

(33)

הַמַּקְרִיב אֶת-דַּם הַשְּׁלָמִים
וְאֶת-הַחֵלֶב מִבְּנֵי אַהֲרֹן
לוֹ תִהְיֶה שׁוֹק הַיָּמִין לְמָנָה

*He that offers * the blood of the peace-offerings,*
*and * the fat, of the sons of Aaron,*
for him shall the right thigh be assigned.

Level Three   וַיִּקְרָא ~ ז

(34)

כִּי אֶת־חֲזֵה הַתְּנוּפָה
וְאֵת שׁוֹק הַתְּרוּמָה
לָקַחְתִּי מֵאֵת בְּנֵי־יִשְׂרָאֵל
מִזִּבְחֵי שַׁלְמֵיהֶם
וָאֶתֵּן אֹתָם לְאַהֲרֹן הַכֹּהֵן
וּלְבָנָיו לְחָק־עוֹלָם מֵאֵת בְּנֵי יִשְׂרָאֵל

For * the breast of waving

and * the thigh of heaving

have I taken of * the children of Israel

out of their sacrifices of peace-offerings,

and have given * them to Aaron the priest

and to his sons as a due forever from * the children of Israel.

(35)

זֹאת מִשְׁחַת אַהֲרֹן
וּמִשְׁחַת בָּנָיו
מֵאִשֵּׁי יהוה
בְּיוֹם הִקְרִיב אֹתָם
לְכַהֵן לַיהוה

This is the consecrated portion of Aaron,

and the consecrated portion of his sons,

out of the offerings of YHVH made by fire,

in the day when * they were presented

to minister to YHVH in the priest's office;

73

(36)

אֲשֶׁר צִוָּה יהוה לָתֵת לָהֶם
בְּיוֹם מָשְׁחוֹ אֹתָם מֵאֵת בְּנֵי יִשְׂרָאֵל
חֻקַּת עוֹלָם לְדֹרֹתָם

which YHVH commanded to be given them
*of the children of Israel, in the day that * they were anointed,*
a statue forever throughout their generations.

(37)

זֹאת הַתּוֹרָה לָעֹלָה
לַמִּנְחָה וְלַחַטָּאת
וְלָאָשָׁם וְלַמִּלּוּאִים
וּלְזֶבַח הַשְּׁלָמִים

This is the law of the burnt-offering,
of the meal-offering, and of the sin-offering,
and of the guilt-offering, and of the consecration-offering,
and of the sacrifice of peace-offerings;

(38)

אֲשֶׁר צִוָּה יהוה אֶת-מֹשֶׁה בְּהַר סִינָי
בְּיוֹם צַוֹּתוֹ אֶת-בְּנֵי יִשְׂרָאֵל
לְהַקְרִיב אֶת-קָרְבְּנֵיהֶם לַיהוה בְּמִדְבַּר סִינָי

which YHVH commanded Moses in mount Sinai,
*in the day that he commanded * the children of Israel*
*to present * their offerings to YHVH, in the wilderness of Sinai.*

Chapter Eight

Consecrating The Priest

(1) וַיְדַבֵּר יהוה אֶל-מֹשֶׁה לֵּאמֹר (*And YHVH spoke to Moses saying*):

(2)

קַח אֶת-אַהֲרֹן וְאֶת-בָּנָיו אִתּוֹ

וְאֵת הַבְּגָדִים וְאֵת שֶׁמֶן הַמִּשְׁחָה

וְאֵת פַּר הַחַטָּאת

וְאֵת שְׁנֵי הָאֵילִים

וְאֵת סַל הַמַּצּוֹת

*'Take * Aaron and * his sons with * him,*

*and * the garments, and * the oil of the anointing,*

*and * the bullock of the sin-offering,*

*and * the two rams,*

*and * the basket of unleavened bread;*

(3)

וְאֵת כָּל-הָעֵדָה הַקְהֵל

אֶל-פֶּתַח אֹהֶל מוֹעֵד

*and assemble * all the congregation*

to the door of the tent of meeting.'

(4) וַיַּעַשׂ מֹשֶׁה כַּאֲשֶׁר צִוָּה יהוה אֹתוֹ (*And Moses did as YHVH commanded * him*) וַתִּקָּהֵל הָעֵדָה (*and the congregation was assembled*) אֶל-פֶּתַח אֹהֶל מוֹעֵד (*at the door of the tent of meeting.*)

(5) וַיֹּאמֶר מֹשֶׁה אֶל-הָעֵדָה *(And Moses said to the congregation):*

הַדָּבָר אֲשֶׁר-צִוָּה יהוה *(This is the thing which YHVH has commanded)* לַעֲשׂוֹת *(to be done).'*

(6) וַיַּקְרֵב מֹשֶׁה *(And Moses brought near)* אֶת-אַהֲרֹן וְאֶת-בָּנָיו *(* Aaron and * his sons)* וַיִּרְחַץ אֹתָם בַּמָּיִם *(and he washed* them in water).*

(7) And he put עָלָיו אֶת-הַכֻּתֹּנֶת *(upon him * the tunic)* and girded אֹתוֹ בָּאַבְנֵט *(* him with the sash)* and clothed אֹתוֹ אֶת-הַמְּעִיל *(* him * the robe)*, and put עָלָיו אֶת-הָאֵפֹד *(on him the ephod)* and he girded אֹתוֹ בְּחֵשֶׁב הָאֵפֹד *(* him with the skilfully woven band of the ephod)* and bound it to him therewith.

(8) And he placed עָלָיו אֶת-הַחֹשֶׁן (on him * the breastplate) and in the הַחֹשֶׁן *(breastplate)* he put אֶת-הָאוּרִים וְאֶת-הַתֻּמִּים *(* the Urim and * the Thummim / * the lights and * the perfections).*

(9) And he set אֶת-הַמִּצְנֶפֶת עַל-רֹאשׁוֹ *(* the turban upon his head)* and עַל-הַמִּצְנֶפֶת *(upon the turban)* in front he set אֵת צִיץ הַזָּהָב *(* the golden plate)* נֵזֶר הַקֹּדֶשׁ *(the holy crown)* כַּאֲשֶׁר צִוָּה יהוה אֶת-מֹשֶׁה *(as YHVH commanded * Moses).*

(10) וַיִּקַּח מֹשֶׁה *(And Moses took)* אֶת-שֶׁמֶן הַמִּשְׁחָה *(the oil of the anointing)* וַיִּמְשַׁח אֶת-הַמִּשְׁכָּן *(and anointed * the tabernacle)* וְאֶת all that was therein וַיְקַדֵּשׁ אֹתָם *(and made * them holy).*

(11) And he sprinkled thereof עַל-הַמִּזְבֵּחַ *(upon the altar)* seven times וַיִּמְשַׁח אֶת-הַמִּזְבֵּחַ *(and anointed * the altar)* וְאֶת-כָּל-כֵּלָיו *(and * all its vessels)* וְאֶת הַכִּיֹּר וְאֶת-כַּנּוֹ *(and * the laver and * the post of it)* לְקַדְּשָׁם *(to make them holy).*

(12) And he poured מִשֶּׁמֶן הַמִּשְׁחָה *(the oil of the anointing)* עַל רֹאשׁ אַהֲרֹן *(upon the head of Aaron)* וַיִּמְשַׁח אֹתוֹ *(and anointed * him)* לְקַדְּשׁוֹ *(to make him holy).*

(13) And מֹשֶׁה brought אֶת-בְּנֵי אַהֲרֹן and clothed them with כֻּתֳּנֹת *(tunics)* and girded אֹתָם אַבְנֵט *(* them with sashes)* and bound לָהֶם מִגְבָּעוֹת *(upon them caps)* כַּאֲשֶׁר צִוָּה יהוה אֶת-מֹשֶׁה *(as YHVH commanded * Moses).*

(14) And אֵת the bullock of הַחַטָּאת *(the sin-offering)* was brought; and אַהֲרֹן וּבָנָיו laid אֶת-יְדֵיהֶם עַל-רֹאשׁ *(* their hands upon the head)* of the bullock of הַחַטָּאת *(the sin-offering).*

(15) And when it was slain, מֹשֶׁה took אֶת-הַדָּם *(* the blood)* and put it עַל קַרְנוֹת הַמִּזְבֵּחַ *(upon the horns of the altar)* round about with his finger, and purified אֶת-הַמִּזְבֵּחַ *(* the altar)* and poured out וְאֶת-הַדָּם (* the blood) at the base of הַמִּזְבֵּחַ *(the altar)* וַיְקַדְּשֵׁהוּ *(and he made it holy)* לְכַפֵּר עָלָיו *(to make atonement/ a shelter over it).*

(16) וַיִּקַּח אֶת-כָּל-הַחֵלֶב *(And he took * all the fat)* that was upon the inwards, וְאֵת the lobe of the liver וְאֵת the two kidneys וְאֶת-חֶלְבְּהֶן *(and their fat)* and מֹשֶׁה made it smoke הַמִּזְבֵּחָה *(toward the altar).*

(17) וְאֵת the bullock וְאֵת its skin וְאֵת its flesh וְאֵת its dung, were burnt בָּאֵשׁ *(in the fire)* without the camp כַּאֲשֶׁר צִוָּה יהוה אֶת-מֹשֶׁה *(as YHVH commanded * Moses).*

(18) And אֵת the ram *of* הָעֹלָה *(the burnt-offering)* was presented; and אַהֲרֹן וּבָנָיו laid אֶת-יְדֵיהֶם עַל-רֹאשׁ *(* their hands upon the head)* of the ram.

(19) And when it was killed, מֹשֶׁה dashed אֶת-הַדָּם עַל-הַמִּזְבֵּחַ *(* the blood on the altar)* round about.

(20) וְאֵת the ram was cut into its pieces מֹשֶׁה made אֶת הָרֹאשׁ *(* the head)* וְאֵת the pieces וְאֵת the suet smoke.

(21) וְאֵת the inwards וְאֵת the legs רָחַץ בַּמָּיִם *(he washed in water)* מֹשֶׁה made אֵת the whole ram smoke הַמִּזְבֵּחָה *(towards the altar)* it was עֹלָה *(a burnt-offering)* for a sweet savor אִשֶּׁה הוּא לַיהוָה *(it was an offering made by fire to*

YHVH) כַּאֲשֶׁר צִוָּה יהוה אֶת-מֹשֶׁה *(as YHVH commanded * Moses).*

(22) And אֶת the second ram was presented the ram of הַמִּלֻּאִים *(consecration)* And אַהֲרֹן וּבָנָיו laid אֶת-יְדֵיהֶם עַל-רֹאשׁ *(* their hands upon the head)* of the ram.

(23) And when it was slain וַיִּקַּח מֹשֶׁה מִדָּמוֹ *(and Moses took of the blood)* thereof, and put it עַל-תְּנוּךְ אֹזֶן-אַהֲרֹן הַיְמָנִית *(upon the tip of Aaron's right ear)* וְעַל-בֹּהֶן יָדוֹ הַיְמָנִית *(and upon the thumb of his right hand)* וְעַל-בֹּהֶן רַגְלוֹ הַיְמָנִית *(and upon the great toe of his right foot).*

(24) אֶת-בְּנֵי אַהֲרֹן were brought, and מֹשֶׁה put מִן-הַדָּם (of the blood) עַל תְּנוּךְ אָזְנָם הַיְמָנִית *(upon the tip of their right ear)* וְעַל-בֹּהֶן יָדָם הַיְמָנִית *(and upon the thumb of their right hand)* וְעַל-בֹּהֶן רַגְלָם הַיְמָנִית *(and upon the great toe of their right foot)* and מֹשֶׁה dashed אֶת-הַדָּם עַל-הַמִּזְבֵּחַ *(* the blood on the altar)* round about.

(25) וַיִּקַּח אֶת-הַחֵלֶב *(And he took * the fat)* וְאֶת the fat tail וְאֶת-כָּל-הַחֵלֶב *(and * all the fat)* that was upon the inwards וְאֵת the lobe of the liver וְאֶת the two kidneys וְאֶת-חֶלְבְּהֶן *(and * their fat)* וְאֵת the right thigh.

(26) And out of the basket of הַמַּצּוֹת *(the unleavened bread)* that was לִפְנֵי יהוה *(before YHVH)* לָקַח *(he took)* one מַצָּה *(unleavened)* cake, and one cake of לֶחֶם שֶׁמֶן *(oiled bread)* and one wafer, and placed them עַל-הַחֲלָבִים *(on the fats)* and upon the right thigh.

(27) And he put אֶת-הַכֹּל עַל כַּפֵּי אַהֲרֹן *(* everything on the palms of Aaron)* וְעַל כַּפֵּי בָנָיו *(and upon the hands of his sons)* and waved אֹתָם *(* them)* תְּנוּפָה לִפְנֵי יהוה *(a wave-offering before YHVH).*

(28) וַיִּקַּח מֹשֶׁה אֹתָם מֵעַל כַּפֵּיהֶם *(And Moses took * them from on their palms)* and made them smoke הַמִּזְבֵּחָה עַל-הָעֹלָה *(toward the altar on the burnt-offering)* מִלֻּאִים הֵם *(they were a consecration-offering)* for a sweet savor;

Level Three וַיִּקְרָא ~ ח

לַיהוה *(it was an offering made by fire)* אִשֶּׁה הוּא

(29) וַיִּקַּח מֹשֶׁה *(And Moses took)* אֶת the breast, and waved it תְנוּפָה לִפְנֵי יהוה *(a wave-offering before YHVH)* it was מֹשֶׁה portion of the ram of הַמִּלֻּאִים *(consecration)* כַּאֲשֶׁר צִוָּה יהוה אֶת-מֹשֶׁה *(as YHVH commanded * Moses).*

(30) וַיִּקַּח מֹשֶׁה מִשֶּׁמֶן הַמִּשְׁחָה *(And Moses took of the oil of the anointing)* וּמִן-הַדָּם *(and of the blood)* which was עַל-הַמִּזְבֵּחַ *(upon the altar)* and sprinkled it עַל-אַהֲרֹן *(on Aaron)* עַל-בְּגָדָיו *(and upon his garments)* וְעַל-בָּנָיו *(and on his sons)* וְעַל-בִּגְדֵי בָנָיו אִתּוֹ *(and upon the garments of his sons with * him)* וַיְקַדֵּשׁ אֶת-אַהֲרֹן *(and he made * Aaron holy)* אֶת-בְּגָדָיו *(* his garments)* וְאֶת-בָּנָיו *(and * his sons)* וְאֶת-בִּגְדֵי בָנָיו אִתּוֹ *(and * the garments of his sons with him).*

(31) וַיֹּאמֶר מֹשֶׁה אֶל-אַהֲרֹן וְאֶל-בָּנָיו *(And Moses said to Aaron and to his sons):*

> *'Boil* אֶת *the flesh* פֶּתַח אֹהֶל מוֹעֵד *(at the door of the tent of meeting) and there eat* אֹתוֹ *(* it)* וְאֶת-הַלֶּחֶם *(and * the bread) that is in the basket of* הַמִּלֻּאִים *(the consecrations) as* צִוֵּיתִי לֵאמֹר *(I commanded, saying):*
>
> אַהֲרֹן וּבָנָיו *shall eat it.*

(32)

> *And that which remains of the flesh* וּבַלָּחֶם *(and of the bread) shall you burn* בָּאֵשׁ *(with fire).*

(33)

> וּמִפֶּתַח אֹהֶל מוֹעֵד *(And from the door of the tent of meeting) you shall not go out seven days, until the days of* מִלֻּאֵיכֶם *(your consecration) be fulfilled; for He shall fill* אֶת-יֶדְכֶם *(* your hands) seven days.*

(34)

As עָשָׂה (has been done) this day, so צִוָּה יהוה (YHVH has commanded) לַעֲשֹׂת (to do) לְכַפֵּר עֲלֵיכֶם (to make atonement/a shelter over you).

(35)

וּפֶתַח אֹהֶל מוֹעֵד (And at the door of the tent of meeting) shall you abide day and night seven days וּשְׁמַרְתֶּם אֶת-מִשְׁמֶרֶת יהוה (and keep * the charge of YHVH) that you die not; for so צֻוֵּיתִי (I am commanded).

(36) וַיַּעַשׂ אַהֲרֹן וּבָנָיו (And Aaron did, and his sons) אֵת כָּל-הַדְּבָרִים (* all the things) which צִוָּה יהוה בְּיַד-מֹשֶׁה (YHVH commanded by the hand of Moses).

Chapter Nine

The Priestly Service

(1) And it came to pass on the eighth day קָרָא מֹשֶׁה לְאַהֲרֹן וּלְבָנָיו *(Moses called Aaron and his sons)* and the elders of יִשְׂרָאֵל

(2) וַיֹּאמֶר אֶל-אַהֲרֹן *(and he said to Aaron)*:

> קַח-לְךָ *(Take to you) a bull-calf* בֶּן *of a herd,* לְחַטָּאת *(for a sin-offering) and a ram* לְעֹלָה *(for a burnt-offering) without blemish* וְהַקְרֵב לִפְנֵי יהוה *(and offer them before YHVH).*

(3)

> וְאֶל-בְּנֵי יִשְׂרָאֵל תְּדַבֵּר לֵאמֹר *(And to the children of Israel you shall speak, saying):*
>
> > קְחוּ *(You take) a he-goat* לְחַטָּאת *(for a sin-offering) and a calf and a lamb* בְּנֵי *of the first year, without blemish* לְעֹלָה *(for a burnt-offering);*

(4)

> > *and an ox and a ram* לִשְׁלָמִים *(for peace-offerings)* לִזְבֹּחַ לִפְנֵי יהוה *(to sacrifice before YHVH)* וּמִנְחָה *(and a meal-offering) mingled* בַשָּׁמֶן *(with oil) for today* יהוה נִרְאָה אֲלֵיכֶם *(YHVH appears to you).'*

(5) And they brought אֵת that which צִוָּה מֹשֶׁה *(Moses commanded)* אֶל-פְּנֵי אֹהֶל מוֹעֵד *(to the face of the tent of meeting)* and כָּל-הָעֵדָה *(all the congregation)* drew near and stood לִפְנֵי יהוה

Leviticus ~ 9

(6) וַיֹּאמֶר מֹשֶׁה

זֶה הַדָּבָר (This is the thing) which צִוָּה יהוה (YHVH commanded) תַּעֲשׂוּ (you should do) וְיֵרָא אֲלֵיכֶם (that he may appear to you) כְּבוֹד יהוה (the glory of YHVH).'

(7) וַיֹּאמֶר מֹשֶׁה אֶל-אַהֲרֹן

קְרַב אֶל-הַמִּזְבֵּחַ (Draw near to the altar) וַעֲשֵׂה (and you shall make) אֶת-חַטָּאתְךָ (* your sin-offering) וְאֶת-עֹלָתֶךָ (and * your burnt-offering) וְכַפֵּר (and make atonement) for yourself, and for הָעָם (the people) וַעֲשֵׂה (and you shall make) אֶת-קָרְבַּן הָעָם (the offering of the people) וְכַפֵּר (and make atonement) for them; as צִוָּה יהוה (YHVH commanded).'

(8) וַיִּקְרַב אַהֲרֹן (And Aaron drew near) אֶל-הַמִּזְבֵּחַ (to the altar) and slew אֶת the calf of הַחַטָּאת (the sin-offering) which was לוֹ (for himself).

(9) וַיַּקְרִבוּ בְּנֵי אַהֲרֹן (And the sons of Aaron presented) אֶת-הַדָּם אֵלָיו (* the blood to him) and he dipped his finger בַּדָּם (in the blood) and put it עַל-קַרְנוֹת הַמִּזְבֵּחַ (upon the horns of the altar) וְאֶת-הַדָּם (and * the blood) he poured out at the base of הַמִּזְבֵּחַ (the altar).

(10) וְאֶת-הַחֵלֶב (And * the fat) וְאֶת the kidneys וְאֶת the lobe of the liver מִן הַחַטָּאת (from the sin-offering) he made smoke הַמִּזְבֵּחָה (upon the altar) כַּאֲשֶׁר צִוָּה יהוה אֶת-מֹשֶׁה (as YHVH commanded * Moses).

(11) וְאֶת the flesh וְאֶת the skin were burnt בָּאֵשׁ (in the fire) without the camp.

(12) And he slew אֶת-הָעֹלָה (* the burnt-offering) בְּנֵי אַהֲרֹן delivered אֵלָיו אֶת-הַדָּם (to him * the blood) and he dashed it עַל-הַמִּזְבֵּחַ (on the altar) round about.

(13) וְאֶת-הָעֹלָה *(And * the burnt-offering)* they delivered אֵלָיו *(to him)* piece by piece וְאֶת-הָרֹאשׁ *(and * the head)* and he made them smoke עַל-הַמִּזְבֵּחַ *(upon the altar).*

(14) וַיִּרְחַץ *(And he washed)* אֶת the inwards וְאֶת the legs, and made them smoke עַל-הָעֹלָה הַמִּזְבֵּחָה *(upon the burnt-offering on the altar).*

(15) וַיַּקְרֵב אֵת קָרְבַּן הָעָם *(And he offered the offering of the people)* and he took אֶת the goat of הַחַטָּאת *(the sin-offering)* which was לָעָם *(for the people)* and slew it, and offered it for sin, as the first.

(16) וַיַּקְרֵב אֶת-הָעֹלָה *(And he offered * the burnt-offering)* וַיַּעֲשֶׂהָ *(and he did it)* according to the ordinance.

(17) וַיַּקְרֵב אֶת-הַמִּנְחָה *(And he offered *the meal-offering)* and he filled כַפּוֹ *(his palm)* therefrom, and made it smoke עַל-הַמִּזְבֵּחַ *(upon the altar)* besides the עֹלַת *(burnt- offering)* of the morning.

(18) He slew also אֶת the ox וְאֶת the ram זֶבַח הַשְּׁלָמִים *(the sacrifice of peace-offerings)* which was לָעָם *(for the people)* and בְּנֵי אַהֲרֹן delivered אֶת הַדָּם אֵלָיו *(* the blood to him)* and he dashed it עַל-הַמִּזְבֵּחַ *(on the altar)* round about,

(19) וְאֶת-הַחֲלָבִים *(and the fat pieces)* of the ox, and of the ram, the fat tail, and that which covers the inwards, and the kidneys, and the lobe of the liver.

(20) And they put אֶת-הַחֲלָבִים *(* the fat pieces)* upon the breasts, and he made to smoke הַחֲלָבִים *(the fats)* הַמִּזְבֵּחָה *(upon the altar).*

(21) וְאֵת the breasts וְאֵת the right thigh אַהֲרֹן waved תְּנוּפָה לִפְנֵי יהוה *(a wave-offering before YHVH)* as צִוָּה מֹשֶׁה *(Moses commanded).*

Aaron's Blessing

(22) And אַהֲרֹן lifted up אֶת-יָדָו אֶל-הָעָם *(* his hands toward the people)* וַיְבָרְכֵם *(and blessed them)* and he came down מֵעֲשֹׂת *(from making)* הַחַטָּאת

(the sin-offering) וְהָעֹלָה *(and the burnt-offering)* וְהַשְּׁלָמִים *(and the peace-offerings).*

(23) And משֶׁה וְאַהֲרֹן went אֶל-אֹהֶל מוֹעֵד *(into the tent of meeting)* and came out וַיְבָרְכוּ אֶת-הָעָם *(and blessed * the people)* וַיֵּרָא כְבוֹד-יהוה *(and the glory of YHVH appeared)* אֶל-כָּל-הָעָם *(to all the people).*

(24) And there came forth אֵשׁ מִלִּפְנֵי יהוה *(fire from before YHVH)* and consumed עַל-הַמִּזְבֵּחַ *(upon the altar)* אֶת-הָעֹלָה *(* the burnt-offering)* וְאֶת הַחֲלָבִים *(and the fat)* וַיַּרְא כָּל-הָעָם *(and all the people saw)* they shouted, and fell עַל-פְּנֵיהֶם *(on their faces).*

Chapter Ten

Death Of Nadab And Abihu

(1) וַיִּקְחוּ בְנֵי-אַהֲרֹן נָדָב וַאֲבִיהוּא *(And Nadab and Abihu, the sons of Aaron took)* אִישׁ מַחְתָּתוֹ *(a man his censer)* and put בָּהֵן אֵשׁ *(in them fire)*and laid עָלֶיהָ קְטֹרֶת *(on it incense)* וַיַּקְרִיבוּ לִפְנֵי יהוה *(and offered before YHVH)* אֵשׁ זָרָה *(strange fire)* which לֹא צִוָּה אֹתָם *(He had not commanded * them).*

(2) And there came forth אֵשׁ מִלִּפְנֵי יהוה *(fire from before YHVH)* and devoured אוֹתָם and they died לִפְנֵי יהוה

(3) וַיֹּאמֶר מֹשֶׁה אֶל-אַהֲרֹן

הוּא *(This is) that* דִּבֶּר יהוה לֵאמֹר *(word YHVH is saying):*

בִּקְרֹבַי אֶקָּדֵשׁ

וְעַל-פְּנֵי כָל-הָעָם, אֶכָּבֵד

Through them that are nigh to Me I will be sanctified,

and before all the people I will be glorified.

And אַהֲרֹן was silent.

(4) וַיִּקְרָא מֹשֶׁה אֶל-מִישָׁאֵל וְאֶל אֶלְצָפָן *(And Moses called to Mishael and to Elzaphan)* בְּנֵי עֻזִּיאֵל *(the sons of Uzziel)* דֹּד אַהֲרֹן *(the uncle of Aaron)* וַיֹּאמֶר אֲלֵהֶם *(and said to them):*

קִרְבוּ *(Draw near) carry* אֶת-אֲחֵיכֶם *(your brethren)* מֵאֵת פְּנֵי הַקֹּדֶשׁ *(from * before the sanctuary) out of the camp.'*

(5) וַיִּקְרְבוּ (And they drew near) and carried them בְּכֻתֳּנֹתָם (in their tunics)
out of the camp, as דִּבֶּר מֹשֶׁה (Moses had said).
(6) וַיֹּאמֶר מֹשֶׁה אֶל-אַהֲרֹן וּלְאֶלְעָזָר וּלְאִיתָמָר בָּנָיו

'Let not the hair of רָאשֵׁיכֶם *(your heads) go loose, neither rend* וּבִגְדֵיכֶם *(your clothes) that you die not* וְעַל כָּל-הָעֵדָה *(so on all the congregation) He will not be wroth* וַאֲחֵיכֶם כָּל-בֵּית יִשְׂרָאֵל *(and let your brethren, the whole house of Israel) bewail* אֶת *the burning which* יהוה *has kindled.*

(7)

וּמִפֶּתַח אֹהֶל מוֹעֵד *(And from the door of the tent of meeting) you shall not go out, lest you die for* שֶׁמֶן מִשְׁחַת יהוה עֲלֵיכֶם *(the oil of the anointing of YHVH is upon you).'*

וַיַּעֲשׂוּ *(And they did)* כִּדְבַר מֹשֶׁה *(as the word of Moses).*
(8) וַיְדַבֵּר יהוה אֶל-אַהֲרֹן לֵאמֹר
(9)

יַיִן וְשֵׁכָר אַל-תֵּשְׁתְּ
אַתָּה וּבָנֶיךָ אִתָּךְ
בְּבֹאֲכֶם אֶל-אֹהֶל מוֹעֵד

'Drink no wine nor strong drink,
** you, nor your sons with you,*
when you go into the tent of meeting,

וְלֹא תָמֻתוּ
חֻקַּת עוֹלָם לְדֹרֹתֵיכֶם

that you die not;
a statute forever throughout your generations.

(10)

וּלְהַבְדִּיל בֵּין הַקֹּדֶשׁ וּבֵין הַחֹל
וּבֵין הַטָּמֵא וּבֵין הַטָּהוֹר

And that you may put difference between the holy and the common,
and between the unclean and the clean;

(11)

וּלְהוֹרֹת אֶת-בְּנֵי יִשְׂרָאֵל
אֵת כָּל-הַחֻקִּים אֲשֶׁר דִּבֶּר יהוה אֲלֵיהֶם
בְּיַד-מֹשֶׁה

*and that you may teach * the children of Israel*
all the statutes which YHVH has spoken to them
by the hand of Moses.'

(12) וַיְדַבֵּר מֹשֶׁה אֶל-אַהֲרֹן וְאֶל אֶלְעָזָר וְאֶל-אִיתָמָר בָּנָיו that were left:

קְחוּ אֶת-הַמִּנְחָה *(Take * the meal-offering) that remains of* מֵאִשֵּׁי יהוה *(the offerings of YHVH made by fire) and eat it* מַצּוֹת *(without leaven) beside* הַמִּזְבֵּחַ *(the altar) for* קֹדֶשׁ קָדָשִׁים הִוא *(it is most holy).*

(13)

And you shall eat אֹתָהּ *(*it)* בְּמָקוֹם קָדוֹשׁ *(in a holy place) because it is your due, and* בָנֶיךָ *(your sons) due* מֵאִשֵּׁי יהוה *(of the offerings of YHVH made by fire) for so* צֻוֵּיתִי *(I am commanded).*

(14)

וְאֵת *the breast of* הַתְּנוּפָה *(the wave offering)* וְאֵת *the thigh of* הַתְּרוּמָה *(the heave offering) shall you eat in a clean place* אַתָּה וּבָנֶיךָ וּבְנֹתֶיךָ אִתָּךְ *(*you, and your sons, and your daughters with * you) for they are given as your due, and* בָנֶיךָ *(your sons) due, out of* מִזִּבְחֵי שַׁלְמֵי בְּנֵי יִשְׂרָאֵל *(the sacrifices of the peace-offerings of the children of Israel).*

(15)

'The thigh of הַתְּרוּמָה *(the heave offering) and the breast of* הַתְּנוּפָה *(the wave offering) shall they bring with* אִשֵּׁי הַחֲלָבִים *(the offerings of the fat made by fire) to wave it for* תְּנוּפָה *(a wave-offering)* לִפְנֵי יהוה *and it shall be* לְךָ וּלְבָנֶיךָ אִתְּךָ *(for you, and for your sons with * you) as a due forever; as* צִוָּה יהוה *(YHVH has commanded.'*

(16) וְאֵת the goat of הַחַטָּאת *(the sin-offering)* מֹשֶׁה diligently inquired, and, behold, it was burnt; and he was angry עַל-אֶלְעָזָר וְעַל-אִיתָמָר בְּנֵי אַהֲרֹן that were left לֵאמֹר *(saying):*

(17)

'Why have you not eaten אֶת-הַחַטָּאת *(* the sin-offering)* בִּמְקוֹם הַקֹּדֶשׁ *(in the place of the sanctuary) seeing* קֹדֶשׁ קָדָשִׁים הִוא *(it is most holy)* וְאֹתָהּ *(and * it) He has given* לָכֶם *(to you) to bear* אֶת *the iniquity of* הָעֵדָה *(the congregation)* לְכַפֵּר עֲלֵיהֶם *(to make atonement for them)* לִפְנֵי יהוה

(18)

Behold אֶת-דָּמָהּ *(* the blood of it) was not brought* אֶל-הַקֹּדֶשׁ *(into the sanctuary) within; you should certainly have eaten* אֹתָהּ

Level Three   וַיִּקְרָא ~ י

(* it) בַּקֹּדֶשׁ (in the sanctuary) as צִוֵּיתִי (I commanded).'

(19) וַיְדַבֵּר אַהֲרֹן אֶל-מֹשֶׁה

'Behold, this day הִקְרִיבוּ אֶת-חַטָּאתָם (have they offered * their sin-offering) וְאֶת-עֹלָתָם (and * their burnt-offering) לִפְנֵי יהוה and there have befallen אֹתִי (* me) such things as these; and if I had eaten חַטָּאת (the sin-offering) today הַיִּיטַב (would it have been good) בְּעֵינֵי יהוה (in the eyes of YHVH)?

(20) וַיִּשְׁמַע מֹשֶׁה (And Moses heard) וַיִּיטַב בְּעֵינָיו (and it was good in his eyes).

Chapter Eleven

Clean And Unclean Meat

(1) וַיְדַבֵּר יהוה אֶל־מֹשֶׁה וְאֶל־אַהֲרֹן לֵאמֹר אֲלֵהֶם (And YHVH spoke to Moses and to Aaron, saying to them):

(2)

דַּבְּרוּ אֶל־בְּנֵי יִשְׂרָאֵל לֵאמֹר
זֹאת הַחַיָּה אֲשֶׁר תֹּאכְלוּ
מִכָּל־הַבְּהֵמָה אֲשֶׁר עַל־הָאָרֶץ

Speak to the children of Israel, saying:
These are the living things which you may eat
from all the beasts that are on the earth.

(3)

כֹּל מַפְרֶסֶת פַּרְסָה
וְשֹׁסַעַת שֶׁסַע פְּרָסֹת
מַעֲלַת גֵּרָה בַּבְּהֵמָה
אֹתָהּ תֹּאכֵלוּ

Whatsoever parts the hoof,
and is wholly cloven-footed,
and chews the cud, among the beasts,
* it may you eat.

(4)

אַךְ אֶת־זֶה לֹא תֹאכְלוּ

Nevertheless * these shall you not eat

מִמַּעֲלֵי הַגֵּרָה

וּמִמַּפְרִסֵי הַפַּרְסָה

אֶת־הַגָּמָל כִּי־מַעֲלֵה גֵרָה הוּא

וּפַרְסָה אֵינֶנּוּ מַפְרִיס

טָמֵא הוּא לָכֶם

of them that only chew the cud,

or of them that only part the hoof:

* the camel, because he chews the cud

and parts not the hoof,

he is unclean to you.

(5)

וְאֶת־הַשָּׁפָן כִּי־מַעֲלֵה גֵרָה הוּא

וּפַרְסָה לֹא יַפְרִיס

טָמֵא הוּא לָכֶם

And * the rock-badger, because he chews the cud

and parts not the hoof,

he is unclean to you.

(6)

וְאֶת־הָאַרְנֶבֶת כִּי־מַעֲלַת גֵּרָה הִוא

וּפַרְסָה לֹא הִפְרִיסָה

And * the hare, because she chews the cud

and parts not the hoof,

טְמֵאָה הִוא לָכֶם

she is unclean to you.

(7)

וְאֶת־הַחֲזִיר כִּי־מַפְרִיס פַּרְסָה הוּא
וְשֹׁסַע שֶׁסַע פַּרְסָה
וְהוּא גֵּרָה לֹא־יִגָּר
טָמֵא הוּא לָכֶם

*And * the swine, because he parts the hoof,*
and is cloven-footed,
and he chews not the cud,
he is unclean to you.

(8)

מִבְּשָׂרָם לֹא תֹאכֵלוּ
וּבְנִבְלָתָם לֹא תִגָּעוּ
טְמֵאִים הֵם לָכֶם

Of their flesh you shall not eat,
and their carcasses you shall not touch;
they are unclean to you.

(9)

אֶת־זֶה תֹּאכְלוּ מִכֹּל אֲשֶׁר בַּמָּיִם
כֹּל אֲשֶׁר־לוֹ סְנַפִּיר וְקַשְׂקֶשֶׂת בַּמַּיִם
בַּיַּמִּים וּבַנְּחָלִים
אֹתָם תֹּאכֵלוּ

** These may you eat of all that are in the waters:*
whatsoever has fins and scales in the waters,
in the seas, and in the rivers,
them may you eat.

(10)

וְכֹל אֲשֶׁר אֵין-לוֹ סְנַפִּיר וְקַשְׂקֶשֶׂת בַּיַּמִּים
וּבַנְּחָלִים מִכֹּל שֶׁרֶץ הַמַּיִם
וּמִכֹּל נֶפֶשׁ הַחַיָּה אֲשֶׁר בַּמָּיִם
שֶׁקֶץ הֵם לָכֶם

And all that have not fins and scales in the seas,
and in the rivers, of all that swarm in the waters,
and of all the living creatures that are in the waters,
they are a detestable thing to you,

(11)

וְשֶׁקֶץ יִהְיוּ לָכֶם
מִבְּשָׂרָם לֹא תֹאכֵלוּ
וְאֶת-נִבְלָתָם תְּשַׁקֵּצוּ

and they shall be a detestable thing to you;
you shall not eat of their flesh,
*and * their carcasses you shall have in detestation.*

(12)

כֹּל אֲשֶׁר אֵין-לוֹ סְנַפִּיר וְקַשְׂקֶשֶׂת בַּמָּיִם

Whatsoever has no fins nor scales in the waters,

שֶׁקֶץ הוּא לָכֶם

that is a detestable thing to you.

(13)

וְאֶת־אֵלֶּה תְּשַׁקְּצוּ מִן־הָעוֹף

לֹא יֵאָכְלוּ שֶׁקֶץ הֵם

אֶת־הַנֶּשֶׁר וְאֶת־הַפֶּרֶס וְאֵת הָעָזְנִיָּה

And * these you shall have in detestation from the fowls;

they shall not be eaten, they are a detestable thing:

* the great vulture, and * the bearded vulture, and * the ospray;

(14)

וְאֶת־הַדָּאָה וְאֶת־הָאַיָּה לְמִינָהּ

and * the kite, and * the falcon after its kinds;

(15)

אֵת כָּל־עֹרֵב לְמִינוֹ

* every raven after its kinds;

(16)

וְאֵת בַּת הַיַּעֲנָה

וְאֶת־הַתַּחְמָס וְאֶת־הַשָּׁחַף

וְאֶת־הַנֵּץ לְמִינֵהוּ

and * the daughter of the ostrich,

and * the night-hawk, and * the sea-mew,

and * the hawk after its kinds;

Level Three
וַיִּקְרָא ~ יא

(17)
וְאֶת-הַכּוֹס וְאֶת-הַשָּׁלָךְ וְאֶת-הַיַּנְשׁוּף

and * the little owl, and * the cormorant, and * the great owl;

(18)
וְאֶת-הַתִּנְשֶׁמֶת וְאֶת-הַקָּאָת
וְאֶת-הָרָחָם

and * the horned owl, and * the pelican,
and * the carrion-vulture;

(19)
וְאֵת הַחֲסִידָה הָאֲנָפָה לְמִינָהּ
וְאֶת-הַדּוּכִיפַת וְאֶת-הָעֲטַלֵּף

and * the stork, and the heron after its kinds,
and * the hoopoe, and * the bat.

(20)
כֹּל שֶׁרֶץ הָעוֹף הַהֹלֵךְ עַל-אַרְבַּע
שֶׁקֶץ הוּא לָכֶם

All winged swarming things that go upon all fours
it is a detestable to you.

(21)
אַךְ אֶת-זֶה תֹּאכְלוּ מִכֹּל
שֶׁרֶץ הָעוֹף הַהֹלֵךְ עַל-אַרְבַּע

Yet * these may you eat of all
winged swarming things that go upon all fours,

95

Leviticus ~ 11

אֲשֶׁר־לוֹ כְרָעַיִם מִמַּעַל
לְרַגְלָיו לְנַתֵּר בָּהֵן עַל־הָאָרֶץ

which have jointed legs above their feet,
wherewith to leap upon the earth;

(22)

אֶת־אֵלֶּה מֵהֶם תֹּאכֵלוּ
אֶת־הָאַרְבֶּה לְמִינוֹ
וְאֶת־הַסָּלְעָם לְמִינֵהוּ
וְאֶת־הַחַרְגֹּל לְמִינֵהוּ
וְאֶת־הֶחָגָב לְמִינֵהוּ

even * these of them you may eat:
* the locust after its kinds,
and * the bald locust after its kinds,
and * the cricket after its kinds,
and * the grasshopper after its kinds.

(23)

וְכֹל שֶׁרֶץ הָעוֹף אֲשֶׁר־לוֹ אַרְבַּע רַגְלָיִם
שֶׁקֶץ הוּא לָכֶם

But all winged swarming things, which have four feet,
are a detestable thing to you.

Contaminiation Issues

(24)

וּלְאֵלֶּה תִּטַּמָּאוּ

Level Three   וַיִּקְרָא ~ יא

And by these you shall become unclean;

כָּל־הַנֹּגֵעַ בְּנִבְלָתָם

יִטְמָא עַד־הָעָרֶב

whosoever touches the carcass of them

he shall be unclean until even.

(25)

וְכָל־הַנֹּשֵׂא מִנִּבְלָתָם

יְכַבֵּס בְּגָדָיו

וְטָמֵא עַד־הָעָרֶב

And whosoever bears aught of the carcass of them

he shall wash his clothes,

and he shall be unclean until the even.

(26)

לְכָל־הַבְּהֵמָה אֲשֶׁר הִוא מַפְרֶסֶת פַּרְסָה

וְשֶׁסַע אֵינֶנָּה שֹׁסַעַת

וְגֵרָה אֵינֶנָּה מַעֲלָה

טְמֵאִים הֵם לָכֶם

כָּל־הַנֹּגֵעַ בָּהֶם יִטְמָא

Every beast which parts the hoof,

but is not cloven footed,

nor chews the cud,

is unclean to you;

every one that touches them shall be unclean.

Leviticus ~ 11

(27)

וְכֹל הוֹלֵךְ עַל-כַּפָּיו
בְּכָל-הַחַיָּה הַהֹלֶכֶת עַל-אַרְבַּע
טְמֵאִים הֵם לָכֶם
כָּל-הַנֹּגֵעַ בְּנִבְלָתָם
יִטְמָא עַד-הָעָרֶב

And whatsoever goes upon its paws,
among all beasts that go on all fours,
they are unclean to you;
whoso touches their carcass
he shall be unclean until the even.

(28)

וְהַנֹּשֵׂא אֶת-נִבְלָתָם
יְכַבֵּס בְּגָדָיו
וְטָמֵא עַד-הָעָרֶב
טְמֵאִים הֵמָּה לָכֶם

And he that bears * the carcass of them
he shall wash his clothes,
and he shall be unclean until the even;
they are unclean to you.

(29)

וְזֶה לָכֶם הַטָּמֵא
בַּשֶּׁרֶץ הַשֹּׁרֵץ עַל-הָאָרֶץ

Level Three ויקרא ~ יא

And these are they which are unclean to you
in the swarming things that swarm upon the earth:

הַחֹלֶד וְהָעַכְבָּר
וְהַצָּב לְמִינֵהוּ

the weasel, and the mouse,
and the great lizard after its kinds,

(30)

וְהָאֲנָקָה וְהַכֹּחַ וְהַלְּטָאָה
וְהַחֹמֶט וְהַתִּנְשָׁמֶת

and the gecko, and the land-crocodile, and the lizard,
and the sand-lizard, and the chameleon.

(31)

אֵלֶּה הַטְּמֵאִים לָכֶם
בְּכָל־הַשָּׁרֶץ כָּל־הַנֹּגֵעַ בָּהֶם
בְּמֹתָם יִטְמָא עַד־הָעָרֶב

These are they which are unclean to you
in all that swarm; whosoever touches them,
when they are dead, shall be unclean until the even.

(32)

וְכֹל אֲשֶׁר־יִפֹּל־עָלָיו
מֵהֶם בְּמֹתָם יִטְמָא

And upon whatsoever any of them falls,
when they are dead, it shall be unclean;

מִכָּל־כְּלִי־עֵץ אוֹ בֶגֶד

אוֹ־עוֹר אוֹ שָׂק

כָּל־כְּלִי אֲשֶׁר־יֵעָשֶׂה מְלָאכָה בָּהֶם

whether it be any vessel of wood, or raiment,

or skin, or sack,

whatsoever vessel it be wherewith any work is done,

בַּמַּיִם יוּבָא

וְטָמֵא עַד־הָעֶרֶב

וְטָהֵר

it must be put into water,

and it shall be unclean until the even;

then shall it be clean.

(33)

וְכָל־כְּלִי־חֶרֶשׂ

אֲשֶׁר־יִפֹּל מֵהֶם אֶל־תּוֹכוֹ

כֹּל אֲשֶׁר בְּתוֹכוֹ

יִטְמָא וְאֹתוֹ תִשְׁבֹּרוּ

And every earthen vessel

whereinto any of them falls,

whatsoever is in it

it shall be unclean, and * it you shall break.

Level Three   וַיִּקְרָא ~ יא

(34)

מִכָּל־הָאֹכֶל אֲשֶׁר יֵאָכֵל

אֲשֶׁר יָבוֹא עָלָיו מַיִם

יִטְמָא

וְכָל־מַשְׁקֶה אֲשֶׁר יִשָּׁתֶה בְּכָל־כְּלִי

יִטְמָא

All food therein which may be eaten,

that on which water comes,

it shall be unclean;

and all drink in every such vessel that may be drunk

shall be unclean.

(35)

וְכֹל אֲשֶׁר־יִפֹּל

מִנִּבְלָתָם עָלָיו יִטְמָא

תַּנּוּר וְכִירַיִם

יֻתָּץ טְמֵאִים

הֵם וּטְמֵאִים יִהְיוּ לָכֶם

And every thing which falls

any part of their carcass it shall be unclean;

stove and oven,

it shall be broken down;

they are unclean, and they shall be unclean to you.

(36)

אַךְ מַעְיָן וּבוֹר מִקְוֵה־מַיִם

יִהְיֶה טָהוֹר

וְנֹגֵעַ בְּנִבְלָתָם יִטְמָא

Nevertheless a fountain or a cistern wherein is a gathering of water

it shall be clean;

but he who touches their carcass shall be unclean.

(37)

וְכִי יִפֹּל מִנִּבְלָתָם

עַל־כָּל־זֶרַע זֵרוּעַ אֲשֶׁר יִזָּרֵעַ

טָהוֹר הוּא

And if aught of their carcass fall

upon any sowing seed which is to be sown,

it is clean.

(38)

וְכִי יֻתַּן־מַיִם עַל־זֶרַע

וְנָפַל מִנִּבְלָתָם עָלָיו

טָמֵא הוּא לָכֶם

But if water be put upon the seed,

and aught of their carcass fall thereon,

it is unclean to you.

(39)

וְכִי יָמוּת מִן־הַבְּהֵמָה

אֲשֶׁר־הִיא לָכֶם לְאָכְלָה

Level Three

וַיִּקְרָא ~ יא

And if any beast,
of which you may eat, die,

הַנֹּגֵעַ בְּנִבְלָתָהּ

יִטְמָא עַד־הָעָרֶב

he that touches the carcass thereof
he shall be unclean until the even.

(40)

וְהָאֹכֵל מִנִּבְלָתָהּ

יְכַבֵּס בְּגָדָיו

וְטָמֵא עַד־הָעָרֶב

וְהַנֹּשֵׂא אֶת־נִבְלָתָהּ

יְכַבֵּס בְּגָדָיו וְטָמֵא עַד־הָעָרֶב

And he that eats of the carcass of it
he shall wash his clothes,
and be unclean until the even;
he also that bears * the carcass of it
shall wash his clothes, and be unclean until the even.

Eating Creeping Creatures

(41)

וְכָל־הַשֶּׁרֶץ הַשֹּׁרֵץ עַל־הָאָרֶץ

And every swarming thing that swarms upon the earth

שֶׁקֶץ הוּא לֹא יֵאָכֵל

is a detestable thing; it shall not be eaten.

(42)

כֹּל הוֹלֵךְ עַל-גָּחוֹן וְכֹל הוֹלֵךְ
עַל-אַרְבַּע עַד כָּל-מַרְבֵּה רַגְלַיִם
לְכָל-הַשֶּׁרֶץ הַשֹּׁרֵץ עַל-הָאָרֶץ
לֹא תֹאכְלוּם
כִּי-שֶׁקֶץ הֵם

Whatsoever goes upon the belly, and whatsoever goes
upon all fours, or whatsoever has many feet,
even all swarming things that swarm upon the earth,
them you shall not eat;
for they are a detestable thing.

(43)

אַל-תְּשַׁקְּצוּ אֶת-נַפְשֹׁתֵיכֶם
בְּכָל-הַשֶּׁרֶץ הַשֹּׁרֵץ
וְלֹא תִטַּמְּאוּ בָּהֶם
וְנִטְמֵתֶם בָּם

*You shall not make * your souls detestable*
with any swarming thing that swarms,
neither shall you make yourselves unclean with them,
that you should be defiled thereby.

(44)

Level Three

וִיקְרָא ~ יא

כִּי אֲנִי יהוה אֱלֹהֵיכֶם

וְהִתְקַדִּשְׁתֶּם וִהְיִיתֶם קְדֹשִׁים

For I am YHVH your God;

sanctify yourselves therefore, and be you holy;

כִּי קָדוֹשׁ אָנִי

וְלֹא תְטַמְּאוּ אֶת־נַפְשֹׁתֵיכֶם

בְּכָל־הַשֶּׁרֶץ הָרֹמֵשׂ עַל־הָאָרֶץ

for I am holy;

*neither shall you defile * your souls*

with any manner of swarming thing that moves upon the earth.

(45)

כִּי אֲנִי יהוה הַמַּעֲלֶה אֶתְכֶם מֵאֶרֶץ מִצְרַיִם

לִהְיֹת לָכֶם לֵאלֹהִים

וִהְיִיתֶם קְדֹשִׁים כִּי קָדוֹשׁ אָנִי

*For I am YHVH that brought * you up out of the land of Egypt,*

to be your God;

you shall therefore be holy, for I am holy.

(46)

זֹאת תּוֹרַת הַבְּהֵמָה וְהָעוֹף

וְכֹל נֶפֶשׁ הַחַיָּה הָרֹמֶשֶׂת בַּמָּיִם

וּלְכָל־נֶפֶשׁ הַשֹּׁרֶצֶת עַל־הָאָרֶץ

Leviticus ~ 11

This is the law of the beast, and of the fowl,
and of every living creature that moves in the waters,
and of every creature that swarms upon the earth;

(47)

לְהַבְדִּיל בֵּין הַטָּמֵא וּבֵין הַטָּהֹר
וּבֵין הַחַיָּה הַנֶּאֱכֶלֶת
וּבֵין הַחַיָּה אֲשֶׁר לֹא תֵאָכֵל

to make a difference between the unclean and the clean,
and between the living thing that may be eaten
and the living thing that may not be eaten.

Chapter Twelve

Childbirth And Purification

(1) וַיְדַבֵּר יהוה אֶל-מֹשֶׁה לֵּאמֹר (*And YHVH spoke to Moses saying*):

(2)

דַּבֵּר אֶל-בְּנֵי יִשְׂרָאֵל לֵאמֹר
אִשָּׁה כִּי תַזְרִיעַ
וְיָלְדָה זָכָר
וְטָמְאָה שִׁבְעַת יָמִים
כִּימֵי נִדַּת דְּוֺתָהּ תִּטְמָא

Speak to the children of Israel, saying:
If a woman be delivered,
and bear a man-child,
then she shall be unclean seven days;
as in the days of the impurity of her sickness shall she be unclean.

(3)

וּבַיּוֹם הַשְּׁמִינִי
יִמּוֹל בְּשַׂר עָרְלָתוֹ

And in the eighth day
the flesh of his foreskin shall be circumcised.

(4)

וּשְׁלֹשִׁים יוֹם וּשְׁלֹשֶׁת יָמִים

And thirty day and three days

תֵּשֵׁב בִּדְמֵי טָהֳרָה
בְּכָל-קֹדֶשׁ לֹא-תִגָּע
וְאֶל-הַמִּקְדָּשׁ לֹא תָבֹא
עַד-מְלֹאת יְמֵי טָהֳרָהּ

she shall continue in the blood of purification;
she shall touch no hallowed thing,
nor come into the sanctuary,
until the days of her purification be fulfilled.

(5)

וְאִם-נְקֵבָה תֵלֵד
וְטָמְאָה שְׁבֻעַיִם כְּנִדָּתָהּ
וְשִׁשִּׁים יוֹם וְשֵׁשֶׁת יָמִים
תֵּשֵׁב עַל-דְּמֵי טָהֳרָה

But if she bear a maid-child,
then she shall be unclean two weeks, as her isolation;
and sixty day and six days
she shall continue in the blood of purification.

(6)

וּבִמְלֹאת יְמֵי טָהֳרָהּ
לְבֵן אוֹ לְבַת
תָּבִיא כֶּבֶשׂ בֶּן-שְׁנָתוֹ לְעֹלָה
וּבֶן-יוֹנָה אוֹ-תֹר לְחַטָּאת
אֶל-פֶּתַח אֹהֶל-מוֹעֵד אֶל-הַכֹּהֵן

And when the days of her purification are fulfilled,
for a son, or for a daughter,
she shall bring a lamb of the first year for a burnt-offering,
and a son of a dove, or a turtle-dove, for a sin-offering,
to the door of the tent of meeting, to the priest.

(7)

וְהִקְרִיבוֹ לִפְנֵי יהוה
וְכִפֶּר עָלֶיהָ
וְטָהֲרָה מִמְּקֹר דָּמֶיהָ
זֹאת תּוֹרַת הַיֹּלֶדֶת
לַזָּכָר אוֹ לַנְּקֵבָה

And he shall offer it before YHVH,
and make a shelter over her;
and she shall be cleansed from the fountain of her blood.
This is the law for her that bears,
whether a male or a female.

(8)

וְאִם-לֹא תִמְצָא יָדָהּ דֵּי שֶׂה
וְלָקְחָה שְׁתֵּי-תֹרִים
אוֹ שְׁנֵי בְּנֵי יוֹנָה

And if her means suffice not for a lamb,
then she shall take two turtle-doves,
or two sons of a dove:

אֶחָד לְעֹלָה
וְאֶחָד לְחַטָּאת
וְכִפֶּר עָלֶיהָ הַכֹּהֵן וְטָהֵרָה

the one for a burnt-offering,

and one for a sin-offering;

and the priest shall make atonement for her,

and she shall be clean.

Chapter Thirteen

Skin Disease

(1) וַיְדַבֵּר יהוה אֶל־מֹשֶׁה וְאֶל־אַהֲרֹן לֵאמֹר (*And YHVH spoke to Moses and to Aaron, saying*):

(2)

אָדָם כִּי־יִהְיֶה בְעוֹר־בְּשָׂרוֹ שְׂאֵת

אוֹ־סַפַּחַת אוֹ בַהֶרֶת

וְהָיָה בְעוֹר־בְּשָׂרוֹ לְנֶגַע צָרָעַת

וְהוּבָא אֶל־אַהֲרֹן הַכֹּהֵן

אוֹ אֶל־אַחַד מִבָּנָיו הַכֹּהֲנִים

When a man shall have in the skin of his flesh a rising,

or a scab, or a bright spot,

and it become in the skin of his flesh the plague of leprosy,

then he shall be brought to Aaron the priest,

or to one of his sons the priests.

(3)

וְרָאָה הַכֹּהֵן אֶת־הַנֶּגַע בְּעוֹר־הַבָּשָׂר

וְשֵׂעָר בַּנֶּגַע הָפַךְ לָבָן

וּמַרְאֵה הַנֶּגַע עָמֹק מֵעוֹר בְּשָׂרוֹ

*And the priest shall look upon * the plague in the skin of the flesh;*

and if the hair in the plague be turned white,

and the appearance of the plague be deeper than the skin of his flesh,

Leviticus ~ 13

נֶגַע צָרַעַת הוּא

וְרָאָהוּ הַכֹּהֵן וְטִמֵּא אֹתוֹ

it is the plague of leprosy;

*and the priest shall look on him, and pronounce * him unclean.*

(4)

וְאִם-בַּהֶרֶת לְבָנָה הִוא בְּעוֹר בְּשָׂרוֹ

וְעָמֹק אֵין-מַרְאֶהָ מִן-הָעוֹר

וּשְׂעָרָה לֹא-הָפַךְ לָבָן

וְהִסְגִּיר הַכֹּהֵן אֶת-הַנֶּגַע

שִׁבְעַת יָמִים

And if the bright spot be white in the skin of his flesh,

and the appearance thereof be not deeper than the skin,

and the hair thereof be not turned white,

*then the priest shall shut up * the contagious*

seven days.

(5)

וְרָאָהוּ הַכֹּהֵן בַּיּוֹם הַשְּׁבִיעִי

וְהִנֵּה הַנֶּגַע עָמַד בְּעֵינָיו

לֹא-פָשָׂה הַנֶּגַע בָּעוֹר

וְהִסְגִּירוֹ הַכֹּהֵן

שִׁבְעַת יָמִים שֵׁנִית

Level Three

וַיִּקְרָא ~ יג

And the priest shall look on him the seventh day;
and, behold, if the plague stay in its appearance,
the plague be not spread in the skin,
then the priest shall shut him up
seven days more.

(6)

וְרָאָה הַכֹּהֵן אֹתוֹ
בַּיּוֹם הַשְּׁבִיעִי שֵׁנִית
וְהִנֵּה כֵּהָה הַנֶּגַע

*And the priest shall look on * him*
again the seventh day;
and, behold, if the plague be dim,

וְלֹא־פָשָׂה הַנֶּגַע בָּעוֹר
וְטִהֲרוֹ הַכֹּהֵן
מִסְפַּחַת הִוא
וְכִבֶּס בְּגָדָיו וְטָהֵר

and the plague be not spread in the skin,
then the priest shall pronounce him clean:
it is a scab;
and he shall wash his clothes, and be clean.

(7)

וְאִם־פָּשֹׂה תִפְשֶׂה הַמִּסְפַּחַת בָּעוֹר

But if the scab spread abroad in the skin,

אַחֲרֵי הֵרָאֹתוֹ אֶל־הַכֹּהֵן לְטָהֳרָתוֹ
וְנִרְאָה שֵׁנִית אֶל־הַכֹּהֵן

after that he has shown himself to the priest for his cleansing,

and he shall show himself to the priest again.

(8)

וְרָאָה הַכֹּהֵן וְהִנֵּה
פָּשְׂתָה הַמִּסְפַּחַת בָּעוֹר
וְטִמְּאוֹ הַכֹּהֵן
צָרַעַת הִוא

And the priest shall look, and, behold,

if the scab be spread in the skin,

then the priest shall pronounce him unclean:

it is leprosy.

(9)

נֶגַע צָרַעַת כִּי תִהְיֶה בְּאָדָם
וְהוּבָא אֶל־הַכֹּהֵן

When the plague of leprosy is in a man,

then he shall be brought to the priest.

(10)

וְרָאָה הַכֹּהֵן וְהִנֵּה
שְׂאֵת־לְבָנָה בָּעוֹר
וְהִיא הָפְכָה שֵׂעָר לָבָן
וּמִחְיַת בָּשָׂר חַי בַּשְׂאֵת

Level Three

וַיִּקְרָא ~ יג

And the priest shall look, and, behold,

if there be a white rising in the skin,

and it have turned the hair white,

and there be quick raw flesh in the rising,

(11)

צָרַעַת נוֹשֶׁנֶת הִוא בְּעוֹר בְּשָׂרוֹ

וְטִמְּאוֹ הַכֹּהֵן

לֹא יַסְגִּרֶנּוּ כִּי טָמֵא הוּא

it is an old leprosy in the skin of his flesh,

and the priest shall pronounce him unclean;

he shall not shut him up; for he is unclean.

(12)

וְאִם־פָּרוֹחַ תִּפְרַח הַצָּרַעַת בָּעוֹר

וְכִסְּתָה הַצָּרַעַת אֵת כָּל־עוֹר הַנֶּגַע

מֵרֹאשׁוֹ וְעַד־רַגְלָיו

לְכָל־מַרְאֵה עֵינֵי הַכֹּהֵן

And if the leprosy break out abroad in the skin,

and the leprosy cover * all the skin of the contagious

from his head even to his feet,

as far as appears to the priest;

(13)

רָאָה הַכֹּהֵן וְהִנֵּה

then the priest shall look; and, behold,

115

כִסְּתָה הַצָּרַעַת אֶת-כָּל-בְּשָׂרוֹ
וְטִהַר אֶת-הַנָּגַע
כֻּלּוֹ הָפַךְ לָבָן
טָהוֹר הוּא

*if the leprosy have covered * all his flesh,*
*he shall pronounce * him clean that has the plague;*
it is all turned white:
he is clean.

(14)

וּבְיוֹם הֵרָאוֹת בּוֹ בָּשָׂר חַי
יִטְמָא

But whensoever living flesh appears in him,
he shall be unclean.

(15)

וְרָאָה הַכֹּהֵן אֶת-הַבָּשָׂר הַחַי
וְטִמְּאוֹ
הַבָּשָׂר הַחַי טָמֵא הוּא
צָרַעַת הוּא

*And the priest shall look on the living * flesh,*
and pronounce him unclean;
the raw flesh is unclean:
it is leprosy.

Level Three וַיִּקְרָא ~ יג

(16)

אוֹ כִי יָשׁוּב הַבָּשָׂר הַחַי וְנֶהְפַּךְ לְלָבָן
וּבָא אֶל־הַכֹּהֵן

But if the raw flesh again be turned into white,

then he shall come to the priest;

(17)

וְרָאָהוּ הַכֹּהֵן וְהִנֵּה
נֶהְפַּךְ הַנֶּגַע לְלָבָן
וְטִהַר הַכֹּהֵן אֶת־הַנֶּגַע
טָהוֹר הוּא

and the priest shall look on him; and, behold,

if the plague be turned into white,

*then the priest shall pronounce * the contagiou clean:*

he is clean.

(18)

וּבָשָׂר כִּי־יִהְיֶה בוֹ־בְעֹרוֹ שְׁחִין וְנִרְפָּא

And when the flesh has in the skin thereof a boil, and it is healed,

(19)

וְהָיָה בִּמְקוֹם הַשְּׁחִין שְׂאֵת לְבָנָה
אוֹ בַהֶרֶת לְבָנָה אֲדַמְדָּמֶת
וְנִרְאָה אֶל־הַכֹּהֵן

and in the place of the boil there is a white rising,

or a bright spot, reddish-white,

then it shall be shown to the priest.

(20)

וְרָאָה הַכֹּהֵן וְהִנֵּה
מַרְאֶהָ שָׁפָל מִן-הָעוֹר
וּשְׂעָרָהּ הָפַךְ לָבָן
וְטִמְּאוֹ הַכֹּהֵן
נֶגַע-צָרַעַת
הִוא בַּשְּׁחִין פָּרָחָה

And the priest shall look; and, behold,
if the appearance thereof be lower than the skin,
and the hair thereof be turned white,
then the priest shall pronounce him unclean:
it is the plague of leprosy,
it has broken out in the boil.

(21)

וְאִם יִרְאֶנָּה הַכֹּהֵן וְהִנֵּה
אֵין-בָּהּ שֵׂעָר לָבָן
וּשְׁפָלָה אֵינֶנָּה מִן-הָעוֹר וְהִיא כֵהָה
וְהִסְגִּירוֹ הַכֹּהֵן שִׁבְעַת יָמִים

But if the priest look on it, and, behold,
there be no white hairs therein,
and it be not lower than the skin, but be dim,
then the priest shall shut him up seven days.

(22)

וְאִם-פָּשֹׂה תִפְשֶׂה בָּעוֹר

וְטִמֵּא הַכֹּהֵן אֹתוֹ

נֶגַע הִוא

And if it spread abroad in the skin,

*then the priest shall pronounce * him unclean:*

it is a plague.

(23)

וְאִם-תַּחְתֶּיהָ תַּעֲמֹד הַבַּהֶרֶת

לֹא פָשָׂתָה צָרֶבֶת הַשְּׁחִין הִוא

וְטִהֲרוֹ הַכֹּהֵן

But if the bright spot stay in its place,

and be not spread, it is the scar of the boil;

and the priest shall pronounce him clean.

(24)

אוֹ בָשָׂר כִּי-יִהְיֶה בְעֹרוֹ

מִכְוַת-אֵשׁ

Or when the flesh has in the skin

thereof a burning by fire,

וְהָיְתָה מִחְיַת הַמִּכְוָה בַּהֶרֶת

לְבָנָה אֲדַמְדֶּמֶת אוֹ לְבָנָה

and the quick flesh of the burning become a bright spot,

reddish- white, or white;

(25)

וְרָאָה אֹתָהּ הַכֹּהֵן וְהִנֵּה
נֶהְפַּךְ שֵׂעָר לָבָן בַּבַּהֶרֶת
וּמַרְאֶהָ עָמֹק מִן-הָעוֹר
צָרַעַת הִוא בַּמִּכְוָה פָּרָחָה
וְטִמֵּא אֹתוֹ הַכֹּהֵן
נֶגַע צָרַעַת הִוא

*then the priest shall look upon * it; and, behold,*
if the hair in the bright spot be turned white,
and the appearance thereof be deeper than the skin,
it is leprosy, it has broken out in the burning;
*and the priest shall pronounce * him unclean:*
it is the plague of leprosy.

(26)

וְאִם יִרְאֶנָּה הַכֹּהֵן וְהִנֵּה
אֵין-בַּבַּהֶרֶת שֵׂעָר לָבָן
וּשְׁפָלָה אֵינֶנָּה מִן-הָעוֹר וְהִוא כֵהָה
וְהִסְגִּירוֹ הַכֹּהֵן שִׁבְעַת יָמִים

But if the priest look on it, and, behold,
there be no white hair in the bright spot,
and it be no lower than the skin, but be dim;
then the priest shall shut him up seven days.

Level Three וַיִּקְרָא ~ יג

(27)

וְרָאָהוּ הַכֹּהֵן בַּיּוֹם הַשְּׁבִיעִי

אִם־פָּשֹׂה תִפְשֶׂה בָּעוֹר

וְטִמֵּא הַכֹּהֵן אֹתוֹ

נֶגַע צָרַעַת הִוא

And the priest shall look upon him the seventh day;

if it spread abroad in the skin,

then the priest shall pronounce * him unclean:

it is the plague of leprosy.

(28)

וְאִם־תַּחְתֶּיהָ תַעֲמֹד הַבַּהֶרֶת

לֹא־פָשְׂתָה בָעוֹר וְהִוא כֵהָה

שְׂאֵת הַמִּכְוָה הִוא

וְטִהֲרוֹ הַכֹּהֵן

כִּי־צָרֶבֶת הַמִּכְוָה הִוא

And if the bright spot stay in its place,

and be not spread in the skin, but be dim,

it is the rising of the burning,

and the priest shall pronounce him clean;

for it is the scar of the burning.

(29)

וְאִישׁ אוֹ אִשָּׁה כִּי־יִהְיֶה בוֹ נָגַע

And when a man or woman has a plague

Leviticus ~ 13

בְּרֹאשׁ אוֹ בְזָקָן

upon the head or upon the beard,

(30)

וְרָאָה הַכֹּהֵן אֶת־הַנֶּגַע וְהִנֵּה

מַרְאֵהוּ עָמֹק מִן־הָעוֹר

וּבוֹ שֵׂעָר צָהֹב דָּק

then the priest shall look on the plague; and, behold,
if the appearance thereof be deeper than the skin,
and there be in it yellow thin hair,

וְטִמֵּא אֹתוֹ הַכֹּהֵן

נֶתֶק הוּא צָרַעַת

הָרֹאשׁ אוֹ הַזָּקָן הוּא

then the priest shall pronounce * him unclean:
it is a scall, it is leprosy of
the head or of the beard.

(31)

וְכִי־יִרְאֶה הַכֹּהֵן אֶת־נֶגַע הַנֶּתֶק וְהִנֵּה

אֵין־מַרְאֵהוּ עָמֹק מִן־הָעוֹר

וְשֵׂעָר שָׁחֹר אֵין בּוֹ

וְהִסְגִּיר הַכֹּהֵן אֶת־נֶגַע הַנֶּתֶק

שִׁבְעַת יָמִים

Level Three   וַיִּקְרָא ~ יג

And if the priest look on the plague of the scall, and, behold,
the appearance thereof be not deeper than the skin,
and there be no black hair in it,
then the priest shall shut up * the contagious of the scall
seven days.

(32)

וְרָאָה הַכֹּהֵן אֶת־הַנֶּגַע

בַּיּוֹם הַשְּׁבִיעִי וְהִנֵּה

לֹא־פָשָׂה הַנֶּתֶק

וְלֹא־הָיָה בוֹ שֵׂעָר צָהֹב

וּמַרְאֵה הַנֶּתֶק אֵין עָמֹק מִן־הָעוֹר

And the priest shall look on * the plague;
in the seventh day and, behold,
if the scall be not spread,
and there be in it no yellow hair,
and the appearance of the scall be not deeper than the skin,

(33)

וְהִתְגַּלָּח וְאֶת־הַנֶּתֶק לֹא יְגַלֵּחַ

וְהִסְגִּיר הַכֹּהֵן אֶת־הַנֶּתֶק

שִׁבְעַת יָמִים שֵׁנִית

then he shall be shaven, but * the scall shall he not shave;
and the priest shall shut up * him that has the scall
seven days more.

(34)

וְרָאָה הַכֹּהֵן אֶת-הַנֶּתֶק
בַּיּוֹם הַשְּׁבִיעִי וְהִנֵּה
לֹא-פָשָׂה הַנֶּתֶק בָּעוֹר
וּמַרְאֵהוּ אֵינֶנּוּ עָמֹק מִן-הָעוֹר
וְטִהַר אֹתוֹ הַכֹּהֵן
וְכִבֶּס בְּגָדָיו וְטָהֵר

*And the priest shall look on * the scall;*
in the seventh day and, behold,
if the scall be not spread in the skin,
and the appearance thereof be not deeper than the skin,
*then the priest shall pronounce * him clean;*
and he shall wash his clothes, and be clean.

(35)

וְאִם-פָּשֹׂה יִפְשֶׂה הַנֶּתֶק בָּעוֹר
אַחֲרֵי טָהֳרָתוֹ

But if the scall spread abroad in the skin
after his cleansing,

(36)

וְרָאָהוּ הַכֹּהֵן וְהִנֵּה
פָּשָׂה הַנֶּתֶק בָּעוֹר
לֹא-יְבַקֵּר הַכֹּהֵן לַשֵּׂעָר הַצָּהֹב
טָמֵא הוּא

Level Three　　　　　　　　　　　　　　　　　　ויקרא ~ יג

then the priest shall look on him; and, behold,

if the scall be spread in the skin,

the priest shall not seek for the yellow hair:

he is unclean.

(37)

וְאִם־בְּעֵינָיו עָמַד הַנֶּתֶק

וְשֵׂעָר שָׁחֹר צָמַח־בּוֹ

נִרְפָּא הַנֶּתֶק

טָהוֹר הוּא

וְטִהֲרוֹ הַכֹּהֵן

But if the scall stay in its appearance,

and black hair be grown up therein;

the scall is healed,

he is clean;

and the priest shall pronounce him clean.

(38)

וְאִישׁ אוֹ־אִשָּׁה כִּי־יִהְיֶה בְעוֹר־בְּשָׂרָם בֶּהָרֹת

בֶּהָרֹת לְבָנֹת

And if a man or a woman have in the skin of their flesh bright spots,

even white bright spots;

(39)

וְרָאָה הַכֹּהֵן וְהִנֵּה

then the priest shall look; and, behold,

בְּעוֹר-בְּשָׂרָם בֶּהָרֹת כֵּהוֹת לְבָנֹת
בֹּהַק הוּא פָּרַח בָּעוֹר
טָהוֹר הוּא

if the bright spots in the skin of their flesh be of a dull white,
it is a tetter, it has broken out in the skin:
he is clean.

(40)

וְאִישׁ כִּי יִמָּרֵט רֹאשׁוֹ
קֵרֵחַ הוּא טָהוֹר הוּא

And if a man's hair be fallen off his head,
he is bald; yet is he clean.

(41)

וְאִם מִפְּאַת פָּנָיו יִמָּרֵט רֹאשׁוֹ
גִּבֵּחַ הוּא טָהוֹר הוּא

And if his hair be fallen off from the front part of his head,
he is forehead-bald; yet is he clean.

(42)

וְכִי-יִהְיֶה בַקָּרַחַת
אוֹ בַגַּבַּחַת נֶגַע לָבָן אֲדַמְדָּם

But if there be in the bald head,
or the bald forehead, a reddish-white plague,

צָרַעַת פֹּרַחַת הִוא בְּקָרַחְתּוֹ
אוֹ בְגַבַּחְתּוֹ

Level Three

וַיִּקְרָא ~ יג

it is leprosy breaking out in his bald head,

or his bald forehead.

(43)

וְרָאָה אֹתוֹ הַכֹּהֵן וְהִנֵּה

שְׂאֵת־הַנֶּגַע לְבָנָה אֲדַמְדֶּמֶת בְּקָרַחְתּוֹ

אוֹ בְגַבַּחְתּוֹ

כְּמַרְאֵה צָרַעַת עוֹר בָּשָׂר

Then the priest shall look upon* him; and, behold,

if the rising of the plague be reddish-white in his bald head,

or in his bald forehead,

as the appearance of leprosy in the skin of the flesh,

(44)

אִישׁ־צָרוּעַ הוּא טָמֵא הוּא

טַמֵּא יְטַמְּאֶנּוּ הַכֹּהֵן

בְּרֹאשׁוֹ נִגְעוֹ

he is a leprous man, he is unclean;

the priest shall surely pronounce him unclean:

his plague is in his head.

(45)

וְהַצָּרוּעַ אֲשֶׁר־בּוֹ הַנֶּגַע

בְּגָדָיו יִהְיוּ פְרֻמִים

And the leper in whom the plague is,

his clothes shall be rent,

וְרֹאשׁוֹ יִהְיֶה פָרוּעַ
וְעַל־שָׂפָם יַעְטֶה
וְטָמֵא טָמֵא יִקְרָא

and the hair of his head shall go loose,
and he shall cover his upper lip,
and shall cry: 'Unclean, unclean.'

(46)

כָּל־יְמֵי אֲשֶׁר הַנֶּגַע בּוֹ יִטְמָא
טָמֵא הוּא בָּדָד יֵשֵׁב
מִחוּץ לַמַּחֲנֶה מוֹשָׁבוֹ

All the days wherein the plague is in him he shall be unclean;
he is unclean; he shall dwell alone;
without the camp shall his dwelling be.

Contaminated Garment

(47)

וְהַבֶּגֶד כִּי־יִהְיֶה בוֹ נֶגַע צָרָעַת
בְּבֶגֶד צֶמֶר אוֹ בְּבֶגֶד פִּשְׁתִּים

And when the plague of leprosy is in a garment,
in a woolen garment, or in a linen garment;

(48)

אוֹ בִשְׁתִי אוֹ בְעֵרֶב
לַפִּשְׁתִּים וְלַצָּמֶר

or in the warp, or in the woof,
whether they be of linen, or of wool;

אוֹ בְעוֹר אוֹ בְּכָל-מְלֶאכֶת עוֹר

or in a skin, or in any thing made of skin.

(49)

וְהָיָה הַנֶּגַע יְרַקְרַק אוֹ אֲדַמְדָּם בַּבֶּגֶד
אוֹ בָעוֹר אוֹ-בַשְּׁתִי
אוֹ-בָעֵרֶב אוֹ בְכָל-כְּלִי-עוֹר
נֶגַע צָרַעַת הוּא
וְהָרְאָה אֶת-הַכֹּהֵן

If the plague be greenish or reddish in the garment,
or in the skin, or in the warp,
or in the woof, or in any thing of skin,
it is the plague of leprosy,
*and shall be shown to * the priest.*

(50)

וְרָאָה הַכֹּהֵן אֶת-הַנָּגַע
וְהִסְגִּיר אֶת-הַנֶּגַע שִׁבְעַת יָמִים

*And the priest shall look upon * the plague,*
*and shut up * the contaious seven days.*

(51)

וְרָאָה אֶת-הַנֶּגַע בַּיּוֹם הַשְּׁבִיעִי

*And he shall look on * the plague on the seventh day:*

כִּי-פָשָׂה הַנֶּגַע בַּבֶּגֶד

if the plague be spread in the garment,

אוֹ-בַשְּׁתִי אוֹ-בָעֵרֶב אוֹ בָעוֹר
לְכֹל אֲשֶׁר-יֵעָשֶׂה הָעוֹר לִמְלָאכָה
צָרַעַת מַמְאֶרֶת הַנֶּגַע טָמֵא הוּא

or in the warp, or in the woof, or in the skin,
whatever service skin is used for,
the plague is a malignant leprosy: it is unclean.

(52)

וְשָׂרַף אֶת-הַבֶּגֶד
אוֹ אֶת-הַשְּׁתִי אוֹ אֶת-הָעֵרֶב
בַּצֶּמֶר אוֹ בַפִּשְׁתִּים
אוֹ אֶת-כָּל-כְּלִי הָעוֹר אֲשֶׁר-יִהְיֶה בוֹ הַנָּגַע
כִּי-צָרַעַת מַמְאֶרֶת הִוא
בָּאֵשׁ תִּשָּׂרֵף

*And he shall burn * the garment,*
*or * the warp, or * the woof,*
whether it be of wool or of linen,
*or * any thing of skin, wherein the plague is;*
for it is a malignant leprosy;
it shall be burnt in the fire.

Level Three וַיִּקְרָא ~ יג

(53)

וְאִם יִרְאֶה הַכֹּהֵן וְהִנֵּה
לֹא־פָשָׂה הַנֶּגַע בַּבֶּגֶד
אוֹ בַשְּׁתִי אוֹ בָעֵרֶב אוֹ בְּכָל־כְּלִי־עוֹר

And if the priest shall look, and, behold,

the plague be not spread in the garment,

or in the warp, or in the woof, or in any thing of skin;

(54)

וְצִוָּה הַכֹּהֵן וְכִבְּסוּ
אֵת אֲשֶׁר־בּוֹ הַנָּגַע
וְהִסְגִּירוֹ שִׁבְעַת־יָמִים שֵׁנִית

then the priest shall command that they wash

* that wherein the plague is,

and he shall shut it up seven days more.

(55)

וְרָאָה הַכֹּהֵן אַחֲרֵי הֻכַּבֵּס אֶת־הַנֶּגַע
וְהִנֵּה לֹא־הָפַךְ הַנֶּגַע אֶת־עֵינוֹ
וְהַנֶּגַע לֹא־פָשָׂה

And the priest shall look, after that * the plague is washed;

and, behold, if the plague have not changed * its appearance,

and the plague be not spread,

131

Leviticus ~ 13

טָמֵא הוּא בָּאֵשׁ תִּשְׂרְפֶנּוּ

פְּחֶתֶת הִוא בְּקָרַחְתּוֹ אוֹ בְגַבַּחְתּוֹ

it is unclean; you shall burn it in the fire;

it is a fret, whether the bareness be within or without.

(56)

וְאִם רָאָה הַכֹּהֵן וְהִנֵּה

כֵּהָה הַנֶּגַע אַחֲרֵי הֻכַּבֵּס אֹתוֹ

וְקָרַע אֹתוֹ מִן-הַבֶּגֶד אוֹ מִן-הָעוֹר

אוֹ מִן-הַשְּׁתִי אוֹ מִן-הָעֵרֶב

And if the priest look, and, behold,

the plague be dim after the washing of *it,

then he shall rend it out of the garment, or out of the skin,

or out of the warp, or out of the woof.

(57)

וְאִם-תֵּרָאֶה עוֹד בַּבֶּגֶד

אוֹ-בַשְּׁתִי אוֹ-בָעֵרֶב אוֹ בְכָל-כְּלִי-עוֹר

פֹּרַחַת הִוא

בָּאֵשׁ תִּשְׂרְפֶנּוּ אֵת אֲשֶׁר-בּוֹ הַנָּגַע

And if it appear still in the garment,

or in the warp, or in the woof, or in any thing of skin,

it is breaking out,

you shall burn * that wherein the plague is with fire.

(58)

וְהַבֶּגֶד אוֹ-הַשְּׁתִי אוֹ-הָעֵרֶב
אוֹ-כָל-כְּלִי הָעוֹר אֲשֶׁר תְּכַבֵּס
וְסָר מֵהֶם הַנָּגַע
וְכֻבַּס שֵׁנִית וְטָהֵר

And the garment, or the warp, or the woof,
or whatsoever thing of skin it be, which you shall wash,
if the plague be departed from them,
then it shall be washed the second time, and shall be clean.

(59)

זֹאת תּוֹרַת נֶגַע-צָרַעַת
בֶּגֶד הַצֶּמֶר אוֹ הַפִּשְׁתִּים
אוֹ הַשְּׁתִי אוֹ הָעֵרֶב
אוֹ כָּל-כְּלִי-עוֹר
לְטַהֲרוֹ אוֹ לְטַמְּאוֹ

This is the law of the plague of leprosy
in a garment of wool or linen,
or in the warp, or in the woof,
or in any thing of skin,
to pronounce it clean, or to pronounce it unclean.

Chapter Fourteen

Law Of The Leper

(1) וַיְדַבֵּר יהוה אֶל־מֹשֶׁה לֵּאמֹר (*And YHVH spoke to Moses saying*):

(2)

זֹאת תִּהְיֶה תּוֹרַת הַמְּצֹרָע
בְּיוֹם טָהֳרָתוֹ
וְהוּבָא אֶל־הַכֹּהֵן

*This shall be the law of the leper
in the day of his cleansing:
he shall be brought to the priest.*

(3)

וְיָצָא הַכֹּהֵן אֶל־מִחוּץ לַמַּחֲנֶה
וְרָאָה הַכֹּהֵן וְהִנֵּה
נִרְפָּא נֶגַע־הַצָּרַעַת מִן־הַצָּרוּעַ

*And the priest shall go forth out of the camp;
and the priest shall look, and, behold,
if the plague of leprosy be healed in the leper;*

(4)

וְצִוָּה הַכֹּהֵן וְלָקַח לַמִּטַּהֵר
שְׁתֵּי־צִפֳּרִים חַיּוֹת טְהֹרוֹת
וְעֵץ אֶרֶז וּשְׁנִי תוֹלַעַת וְאֵזֹב

Level Three

וַיִּקְרָא ~ יד

then shall the priest command to take for him that is to be cleansed

two living clean birds,

and cedar-wood, and scarlet, and hyssop.

(5)

וְצִוָּה הַכֹּהֵן וְשָׁחַט אֶת־הַצִּפּוֹר הָאֶחָת
אֶל־כְּלִי־חֶרֶשׂ עַל־מַיִם חַיִּים

*And the priest shall command to kill one of * the birds*

in an earthen vessel over running water.

(6)

אֶת־הַצִּפֹּר הַחַיָּה יִקַּח אֹתָהּ
וְאֶת־עֵץ הָאֶרֶז וְאֶת־שְׁנִי הַתּוֹלַעַת וְאֶת־הָאֵזֹב
וְטָבַל אוֹתָם וְאֵת הַצִּפֹּר הַחַיָּה
בְּדַם הַצִּפֹּר הַשְּׁחֻטָה
עַל הַמַּיִם הַחַיִּים

*As for * the living bird, he shall take * it,*

*and * the cedar-wood, and * the scarlet, and * the hyssop,*

*and shall dip * them and * the living bird*

in the blood of the bird that was killed

over the running water.

(7)

וְהִזָּה עַל הַמִּטַּהֵר מִן־הַצָּרַעַת
שֶׁבַע פְּעָמִים

And he shall sprinkle upon him that is to be cleansed from the leprosy

seven times,

135

Leviticus ~ 14

וְטִהֲרוֹ וְשִׁלַּח
אֶת-הַצִּפֹּר הַחַיָּה עַל-פְּנֵי הַשָּׂדֶה

and shall pronounce him clean, and shall let go
* the living bird into the open field.

(8)

וְכִבֶּס הַמִּטַּהֵר אֶת-בְּגָדָיו
וְגִלַּח אֶת-כָּל-שְׂעָרוֹ
וְרָחַץ בַּמַּיִם וְטָהֵר
וְאַחַר יָבוֹא אֶל-הַמַּחֲנֶה
וְיָשַׁב מִחוּץ לְאָהֳלוֹ שִׁבְעַת יָמִים

And he that is to be cleansed shall wash * his clothes,
and shave off * all his hair,
and bathe himself in water, and he shall be clean;
and after that he may come into the camp,
but shall dwell outside his tent seven days.

(9)

וְהָיָה בַיּוֹם הַשְּׁבִיעִי
יְגַלַּח אֶת-כָּל-שְׂעָרוֹ אֶת-רֹאשׁוֹ
וְאֶת-זְקָנוֹ וְאֵת גַּבֹּת עֵינָיו
וְאֶת-כָּל-שְׂעָרוֹ יְגַלֵּחַ
וְכִבֶּס אֶת-בְּגָדָיו
וְרָחַץ אֶת-בְּשָׂרוֹ בַּמַּיִם--וְטָהֵר

Level Three   וַיִּקְרָא ~ יד

And it shall be on the seventh day,

that he shall shave * all his hair off * his head

and * his beard and * his eyebrows,

even * all his hair he shall shave off;

and he shall wash * his clothes,

and he shall bathe * his flesh in water, and he shall be clean.

(10)

וּבַיּוֹם הַשְּׁמִינִי יִקַּח שְׁנֵי־כְבָשִׂים תְּמִימִם

וְכַבְשָׂה אַחַת בַּת־שְׁנָתָהּ תְּמִימָה

וּשְׁלֹשָׁה עֶשְׂרֹנִים

סֹלֶת מִנְחָה בְּלוּלָה בַשֶּׁמֶן

וְלֹג אֶחָד שָׁמֶן

And on the eighth day he shall take two he-lambs without blemish,

and one ewe-lamb of a daughter of the first year without blemish,

and three tenth parts of an ephah

of fine flour for a meal-offering mingled with oil,

and one log of oil.

(11)

וְהֶעֱמִיד הַכֹּהֵן הַמְטַהֵר

אֵת הָאִישׁ הַמִּטַּהֵר

And the priest that cleanses him shall set

* the man that is to be cleansed,

וְאֹתָם לִפְנֵי יהוה
פֶּתַח אֹהֶל מוֹעֵד

*and * those things, before YHVH,*
at the door of the tent of meeting.

(12)

וְלָקַח הַכֹּהֵן אֶת-הַכֶּבֶשׂ הָאֶחָד
וְהִקְרִיב אֹתוֹ לְאָשָׁם
וְאֶת-לֹג הַשָּׁמֶן וְהֵנִיף אֹתָם
תְּנוּפָה לִפְנֵי יהוה

*And the priest shall take one of * the he-lambs,*
*and offer him for * a guilt-offering,*
*and * the log of oil, and wave * them*
for a wave- offering before YHVH.

(13)

וְשָׁחַט אֶת-הַכֶּבֶשׂ בִּמְקוֹם אֲשֶׁר יִשְׁחַט
אֶת-הַחַטָּאת וְאֶת-הָעֹלָה
בִּמְקוֹם הַקֹּדֶשׁ

*And he shall kill * the he-lamb in the place where they kill*
** the sin-offering and * the burnt-offering,*
in the place of the sanctuary;

כִּי כַּחַטָּאת הָאָשָׁם הוּא לַכֹּהֵן
קֹדֶשׁ קָדָשִׁים הוּא

Level Three   וַיִּקְרָא ~ יד

for as the sin-offering is the priest's, so is the guilt-offering;

it is most holy.

(14)

וְלָקַח הַכֹּהֵן מִדַּם הָאָשָׁם

וְנָתַן הַכֹּהֵן עַל־תְּנוּךְ אֹזֶן

הַמִּטַּהֵר הַיְמָנִית

וְעַל־בֹּהֶן יָדוֹ הַיְמָנִית

וְעַל־בֹּהֶן רַגְלוֹ הַיְמָנִית

And the priest shall take of the blood of the guilt-offering,

and the priest shall put it upon the tip

of the right ear of him that is to be cleansed,

and upon the thumb of his right hand,

and upon the great toe of his right foot.

(15)

וְלָקַח הַכֹּהֵן מִלֹּג הַשָּׁמֶן

וְיָצַק עַל־כַּף הַכֹּהֵן הַשְּׂמָאלִית

And the priest shall take of the log of oil,

and pour it into the palm of his own left hand.

(16)

וְטָבַל הַכֹּהֵן אֶת־אֶצְבָּעוֹ הַיְמָנִית

מִן־הַשֶּׁמֶן אֲשֶׁר עַל־כַּפּוֹ הַשְּׂמָאלִית

And the priest shall dip* his right finger

in the oil that is in his left hand,

Leviticus ~ 14

וְהִזָּה מִן־הַשֶּׁמֶן בְּאֶצְבָּעוֹ
שֶׁבַע פְּעָמִים לִפְנֵי יהוה

and shall sprinkle of the oil with his finger
seven times before YHVH.

(17)

וּמִיֶּתֶר הַשֶּׁמֶן אֲשֶׁר עַל־כַּפּוֹ
יִתֵּן הַכֹּהֵן עַל־תְּנוּךְ
אֹזֶן הַמִּטַּהֵר הַיְמָנִית

And of the rest of the oil that is in his hand
shall the priest put upon the tip
of the right ear of him that is to be cleansed,

וְעַל־בֹּהֶן יָדוֹ הַיְמָנִית
וְעַל־בֹּהֶן רַגְלוֹ הַיְמָנִית
עַל דַּם הָאָשָׁם

and upon the thumb of his right hand,
and upon the great toe of his right foot,
upon the blood of the guilt-offering.

(18)

וְהַנּוֹתָר בַּשֶּׁמֶן אֲשֶׁר עַל־כַּף הַכֹּהֵן
יִתֵּן עַל־רֹאשׁ הַמִּטַּהֵר
וְכִפֶּר עָלָיו הַכֹּהֵן לִפְנֵי יהוה

Level Three

וַיִּקְרָא ~ יד

And the rest of the oil that is in the priest's hand
he shall put upon the head of him that is to be cleansed;
and the priest shall make atonement for him before YHVH.

(19)

וְעָשָׂה הַכֹּהֵן אֶת־הַחַטָּאת
וְכִפֶּר עַל־הַמִּטַּהֵר
מִטֻּמְאָתוֹ
וְאַחַר יִשְׁחַט אֶת־הָעֹלָה

And the priest shall offer * the sin-offering,
and make atonement for him that is to be cleansed
because of his uncleanness;
and afterward he shall kill * the burnt-offering.

(20)

וְהֶעֱלָה הַכֹּהֵן אֶת־הָעֹלָה
וְאֶת־הַמִּנְחָה הַמִּזְבֵּחָה
וְכִפֶּר עָלָיו הַכֹּהֵן
וְטָהֵר

And the priest shall offer * the burnt-offering
and * the meal-offering upon the altar;
and the priest shall make atonement for him,
and he shall be clean.

Leviticus ~ 14

The Offering Of The Poor

(21)

וְאִם־דַּל הוּא וְאֵין יָדוֹ מַשֶּׂגֶת
וְלָקַח כֶּבֶשׂ אֶחָד אָשָׁם לִתְנוּפָה
לְכַפֵּר עָלָיו
וְעִשָּׂרוֹן סֹלֶת אֶחָד
בָּלוּל בַּשֶּׁמֶן לְמִנְחָה
וְלֹג שָׁמֶן

And if he be poor, and his means suffice not,
then he shall take one he-lamb for a guilt-offering to be waved,
to make atonement for him,
and one tenth of fine flour
mingled with oil for a meal-offering,
and a log of oil;

(22)

וּשְׁתֵּי תֹרִים אוֹ שְׁנֵי בְּנֵי יוֹנָה
אֲשֶׁר תַּשִּׂיג יָדוֹ
וְהָיָה אֶחָד חַטָּאת
וְהָאֶחָד עֹלָה

and two turtle-doves, or two sons of a dove,
such as his means suffice for;
and the one shall be a sin-offering,
and the other a burnt-offering.

Level Three וַיִּקְרָא ~ יד

(23)

וְהֵבִיא אֹתָם בַּיּוֹם הַשְּׁמִינִי

לְטָהֳרָתוֹ אֶל־הַכֹּהֵן

אֶל־פֶּתַח אֹהֶל־מוֹעֵד לִפְנֵי יהוה

And on the eighth day he shall bring * them

for his cleansing to the priest,

to the door of the tent of meeting, before YHVH.

(24)

וְלָקַח הַכֹּהֵן אֶת־כֶּבֶשׂ הָאָשָׁם

וְאֶת־לֹג הַשָּׁמֶן

וְהֵנִיף אֹתָם הַכֹּהֵן תְּנוּפָה

לִפְנֵי יהוה

And the priest shall take * the lamb of the guilt-offering,

and * the log of oil,

and the priest shall wave * them for a wave-offering

before YHVH.

(25)

וְשָׁחַט אֶת־כֶּבֶשׂ הָאָשָׁם

וְלָקַח הַכֹּהֵן מִדַּם הָאָשָׁם

וְנָתַן עַל־תְּנוּךְ אֹזֶן־הַמִּטַּהֵר הַיְמָנִית

And he shall kill * the lamb of the guilt-offering,

and the priest shall take of the blood of the guilt-offering,

and put it upon the tip of the right ear of him that is to be cleansed,

Leviticus ~ 14

וְעַל-בֹּהֶן יָדוֹ הַיְמָנִית
וְעַל-בֹּהֶן רַגְלוֹ הַיְמָנִית

and upon the thumb of his right hand,
and upon the great toe of his right foot.

(26)

וּמִן-הַשֶּׁמֶן יִצֹק הַכֹּהֵן
עַל-כַּף הַכֹּהֵן הַשְּׂמָאלִית

And the priest shall pour of the oil
into the palm of his own left hand.

(27)

וְהִזָּה הַכֹּהֵן בְּאֶצְבָּעוֹ הַיְמָנִית
מִן-הַשֶּׁמֶן אֲשֶׁר עַל-כַּפּוֹ הַשְּׂמָאלִית
שֶׁבַע פְּעָמִים לִפְנֵי יהוה

And the priest shall sprinkle with his right finger
some of the oil that is in his left hand
seven times before YHVH.

(28)

וְנָתַן הַכֹּהֵן מִן-הַשֶּׁמֶן אֲשֶׁר עַל-כַּפּוֹ עַל-תְּנוּךְ
אֹזֶן הַמִּטַּהֵר הַיְמָנִית
וְעַל-בֹּהֶן יָדוֹ הַיְמָנִית
וְעַל-בֹּהֶן רַגְלוֹ הַיְמָנִית
עַל-מְקוֹם דַּם הָאָשָׁם

Level Three　　　　　　　　　　　　　　　　　　　　　　וַיִּקְרָא ~ יד

And the priest shall put of the oil that is in his hand upon the tip

of the right ear of him that is to be cleansed,

and upon the thumb of his right hand,

and upon the great toe of his right foot,

upon the place of the blood of the guilt-offering.

(29)

וְהַנּוֹתָר מִן-הַשֶּׁמֶן אֲשֶׁר עַל-כַּף הַכֹּהֵן

יִתֵּן עַל-רֹאשׁ הַמִּטַּהֵר

לְכַפֵּר עָלָיו לִפְנֵי יהוה

And the rest of the oil that is in the priest's hand

he shall put upon the head of him that is to be cleansed,

to make atonement for him before YHVH.

(30)

וְעָשָׂה אֶת-הָאֶחָד מִן-הַתֹּרִים

אוֹ מִן-בְּנֵי הַיּוֹנָה

מֵאֲשֶׁר תַּשִּׂיג יָדוֹ

And he shall offer * one of the turtle-doves,

or of the sons of the dove,

such as his means suffice for;

(31)

אֵת אֲשֶׁר-תַּשִּׂיג יָדוֹ אֶת-הָאֶחָד חַטָּאת

וְאֶת-הָאֶחָד עֹלָה עַל-הַמִּנְחָה

* which his means suffice for, * the one for a sin-offering,

and * the other for a burnt-offering, with the meal-offering;

Leviticus ~ 14

וְכִפֶּר הַכֹּהֵן
עַל הַמִּטַּהֵר לִפְנֵי יהוה

and the priest shall make atonement
over him that is to be cleansed before YHVH.

(32)

זֹאת תּוֹרַת אֲשֶׁר־בּוֹ נֶגַע צָרָעַת
אֲשֶׁר לֹא־תַשִּׂיג יָדוֹ בְּטָהֳרָתוֹ

This is the law of him in whom is the plague of leprosy,
whose means suffice not for that which pertains to his cleansing.

Cantaminated House

(33) וַיְדַבֵּר יהוה אֶל־מֹשֶׁה וְאֶל־אַהֲרֹן לֵאמֹר (*And YHVH spoke to Moses and to Aaron, saying*):

(34)

כִּי תָבֹאוּ אֶל־אֶרֶץ כְּנַעַן
אֲשֶׁר אֲנִי נֹתֵן לָכֶם לַאֲחֻזָּה
וְנָתַתִּי נֶגַע צָרַעַת
בְּבֵית אֶרֶץ אֲחֻזַּתְכֶם

When you are come into the land of Canaan,
which I give to you for a possession,
and I put the plague of leprosy
in a house of the land of your possession;

Level Three

וַיִּקְרָא ~ יד

(35)

וּבָא אֲשֶׁר-לוֹ הַבַּיִת
וְהִגִּיד לַכֹּהֵן לֵאמֹר
כְּנֶגַע נִרְאָה לִי בַּבָּיִת

then he that owns the house shall come

and tell the priest, saying:

'There seems to me to be as it were a plague in the house.'

(36)

וְצִוָּה הַכֹּהֵן וּפִנּוּ אֶת-הַבַּיִת
בְּטֶרֶם יָבֹא הַכֹּהֵן לִרְאוֹת אֶת-הַנֶּגַע
וְלֹא יִטְמָא כָּל-אֲשֶׁר בַּבָּיִת
וְאַחַר כֵּן יָבֹא הַכֹּהֵן לִרְאוֹת אֶת-הַבָּיִת

*And the priest shall command that they empty * the house,*

*before the priest go in to see * the plague,*

that all that is in the house be not made unclean;

*and afterward the priest shall go in to see * the house.*

(37)

וְרָאָה אֶת-הַנֶּגַע וְהִנֵּה
הַנֶּגַע בְּקִירֹת הַבַּיִת שְׁקַעֲרוּרֹת

*And he shall look on * the plague, and, behold,*

if the plague be in the walls of the house with hollow streaks,

יְרַקְרַקֹּת אוֹ אֲדַמְדַּמֹּת

וּמַרְאֵיהֶן שָׁפָל מִן־הַקִּיר

And he shall look on * the plague, and, behold,

if the plague be in the walls of the house with hollow streaks,

greenish or reddish,

and the appearance thereof be lower than the wall;

(38)

וְיָצָא הַכֹּהֵן מִן־הַבַּיִת אֶל־פֶּתַח הַבָּיִת

וְהִסְגִּיר אֶת־הַבַּיִת שִׁבְעַת יָמִים

then the priest shall go out of the house to the door of the house,

and shut up * the house seven days.

(39)

וְשָׁב הַכֹּהֵן בַּיּוֹם הַשְּׁבִיעִי

וְרָאָה וְהִנֵּה

פָּשָׂה הַנֶּגַע בְּקִירֹת הַבָּיִת

And the priest shall come again the seventh day,

and shall look; and, behold,

if the plague be spread in the walls of the house;

(40)

וְצִוָּה הַכֹּהֵן וְחִלְּצוּ אֶת־הָאֲבָנִים

אֲשֶׁר בָּהֵן הַנָּגַע

וְהִשְׁלִיכוּ אֶתְהֶן אֶל־מִחוּץ לָעִיר אֶל־מָקוֹם טָמֵא

Level Three   וַיִּקְרָא ~ יד

then the priest shall command that they take out * the stones

in which the plague is,

and cast them into an unclean place without the city.

(41)

וְאֶת־הַבַּיִת יַקְצִעַ מִבַּיִת סָבִיב

וְשָׁפְכוּ אֶת־הֶעָפָר אֲשֶׁר הִקְצוּ

אֶל־מִחוּץ לָעִיר אֶל־מָקוֹם טָמֵא

And he shall cause * the house to be scraped within round about,

and they shall pour out * the mortar that they scrape off

without the city into an unclean place.

(42)

וְלָקְחוּ אֲבָנִים אֲחֵרוֹת

וְהֵבִיאוּ אֶל־תַּחַת הָאֲבָנִים

וְעָפָר אַחֵר יִקַּח

וְטָח אֶת־הַבָּיִת

And they shall take other stones,

and put them in the place of those stones;

and he shall take other mortar,

and shall plaster * the house.

(43)

וְאִם־יָשׁוּב הַנֶּגַע וּפָרַח בַּבַּיִת

אַחַר חִלֵּץ אֶת־הָאֲבָנִים

And if the plague come again, and break out in the house,

after that * the stones have been taken out,

149

וְאַחֲרֵי הִקְצוֹת אֶת־הַבַּיִת
וְאַחֲרֵי הִטּוֹחַ

and after * the house has been scraped,
and after it is plastered;

(44)

וּבָא הַכֹּהֵן וְרָאָה וְהִנֵּה
פָּשָׂה הַנֶּגַע בַּבָּיִת
צָרַעַת מַמְאֶרֶת הִוא בַּבַּיִת טָמֵא הוּא

then the priest shall come in and look; and, behold,
if the plague be spread in the house,
it is a malignant leprosy in the house: it is unclean.

(45)

וְנָתַץ אֶת־הַבַּיִת אֶת־אֲבָנָיו
וְאֶת־עֵצָיו וְאֵת כָּל־עֲפַר הַבָּיִת
וְהוֹצִיא אֶל־מִחוּץ לָעִיר אֶל־מָקוֹם טָמֵא

And he shall break down * the house, * the stones of it,
and * the timber thereof, and * all the mortar of the house;
and he shall carry them forth out of the city into an unclean place.

(46)

וְהַבָּא אֶל־הַבַּיִת כָּל־יְמֵי הִסְגִּיר אֹתוֹ
יִטְמָא עַד־הָעָרֶב

And he that goes into the house all the while that * it is shut up
shall be unclean until the even.

Level Three
וַיִּקְרָא ~ יד

(47)

וְהַשֹּׁכֵב בַּבַּיִת יְכַבֵּס אֶת-בְּגָדָיו

וְהָאֹכֵל בַּבַּיִת יְכַבֵּס אֶת-בְּגָדָיו

*And he that lies in the house shall wash * his clothes;*

*and he that eats in the house shall wash * his clothes.*

(48)

וְאִם-בֹּא יָבֹא הַכֹּהֵן וְרָאָה וְהִנֵּה

לֹא-פָשָׂה הַנֶּגַע בַּבַּיִת

אַחֲרֵי הִטֹּחַ אֶת-הַבָּיִת

וְטִהַר הַכֹּהֵן אֶת-הַבַּיִת

כִּי נִרְפָּא הַנָּגַע

And if the priest shall come in, and look, and, behold,

the plague has not spread in the house,

*after * the house was plastered;*

*then the priest shall pronounce * the house clean,*

because the plague is healed.

(49)

וְלָקַח לְחַטֵּא אֶת-הַבַּיִת

שְׁתֵּי צִפֳּרִים וְעֵץ אֶרֶז

וּשְׁנִי תוֹלַעַת וְאֵזֹב

*And he shall take to cleanse * the house*

two birds, and cedar-wood,

and scarlet, and hyssop.

Leviticus ~ 14

(50)

וְשָׁחַט אֶת-הַצִּפֹּר הָאֶחָת
אֶל-כְּלִי-חֶרֶשׂ עַל-מַיִם חַיִּים

And he shall kill one of * the birds
in an earthen vessel over running water.

(51)

וְלָקַח אֶת-עֵץ-הָאֶרֶז וְאֶת-הָאֵזֹב
וְאֵת שְׁנִי הַתּוֹלַעַת וְאֵת הַצִּפֹּר הַחַיָּה
וְטָבַל אֹתָם בְּדַם הַצִּפֹּר הַשְּׁחוּטָה
וּבַמַּיִם הַחַיִּים
וְהִזָּה אֶל-הַבַּיִת שֶׁבַע פְּעָמִים

And he shall take * the cedar-wood, and * the hyssop,
and * the scarlet, and * the living bird,
and dip * them in the blood of the slain bird,
and in the running water,
and sprinkle the house seven times.

(52)

וְחִטֵּא אֶת-הַבַּיִת--בְּדַם הַצִּפּוֹר
וּבַמַּיִם הַחַיִּים וּבַצִּפֹּר הַחַיָּה

And he shall cleanse * the house with the blood of the bird,
and with the running water, and with the living bird,

וּבְעֵץ הָאֶרֶז וּבָאֵזֹב וּבִשְׁנִי הַתּוֹלָעַת

and with the cedar-wood, and with the hyssop, and with the scarlet.

Level Three   וַיִּקְרָא ~ יד

(53)

וְשִׁלַּח אֶת־הַצִּפֹּר הַחַיָּה
אֶל־מִחוּץ לָעִיר אֶל־פְּנֵי הַשָּׂדֶה
וְכִפֶּר עַל־הַבַּיִת וְטָהֵר

But he shall let go * the living bird

out of the city into the open field;

so shall he make atonement for the house; and it shall be clean.

(54)

זֹאת הַתּוֹרָה לְכָל־נֶגַע
הַצָּרַעַת וְלַנָּתֶק

This is the law for all manner of
plague of leprosy, and for a scall;

(55)

וּלְצָרַעַת הַבֶּגֶד וְלַבָּיִת

and for the leprosy of a garment, and for a house;

(56)

וְלַשְׂאֵת וְלַסַּפַּחַת וְלַבֶּהָרֶת

and for a rising, and for a scab, and for a bright spot;

(57)

לְהוֹרֹת בְּיוֹם הַטָּמֵא וּבְיוֹם הַטָּהֹר
זֹאת תּוֹרַת הַצָּרָעַת

to teach when it is unclean, and when it is clean;

this is the law of leprosy.

Chapter Fifteen

Male Discharges

(1) וַיְדַבֵּר יהוה אֶל-מֹשֶׁה וְאֶל-אַהֲרֹן לֵּאמֹר (*And YHVH spoke to Moses and to Aaron, saying*):

(2)

דַּבְּרוּ אֶל-בְּנֵי יִשְׂרָאֵל וַאֲמַרְתֶּם אֲלֵהֶם
אִישׁ אִישׁ כִּי יִהְיֶה זָב מִבְּשָׂרוֹ
זוֹבוֹ טָמֵא הוּא

Speak to the children of Israel, and say to them:
When any man has an issue out of his flesh,
his issue is unclean.

(3)

וְזֹאת תִּהְיֶה טֻמְאָתוֹ בְּזוֹבוֹ
רָר בְּשָׂרוֹ אֶת-זוֹבוֹ
אוֹ-הֶחְתִּים בְּשָׂרוֹ מִזּוֹבוֹ
טֻמְאָתוֹ הִוא

And this shall be his uncleanness in his issue:
*whether his flesh run with * his issue,*
or his flesh be stopped from his issue,
it is his uncleanness.

(4)

כָּל-הַמִּשְׁכָּב אֲשֶׁר יִשְׁכַּב עָלָיו הַזָּב
יִטְמָא וְכָל-הַכְּלִי אֲשֶׁר-יֵשֵׁב עָלָיו יִטְמָא

Level Three   וַיִּקְרָא ~ טו

Every bed whereon he that has the issue lies shall be unclean;

and every thing whereon he sits shall be unclean.

(5)

וְאִישׁ אֲשֶׁר יִגַּע בְּמִשְׁכָּבוֹ

יְכַבֵּס בְּגָדָיו וְרָחַץ בַּמַּיִם

וְטָמֵא עַד־הָעָרֶב

And whosoever touches his bed

shall wash his clothes, and bathe himself in water,

and be unclean until the even.

(6)

וְהַיֹּשֵׁב עַל־הַכְּלִי אֲשֶׁר־יֵשֵׁב עָלָיו הַזָּב

יְכַבֵּס בְּגָדָיו וְרָחַץ בַּמַּיִם

וְטָמֵא עַד־הָעָרֶב

And he that sits on any thing whereon he that has the issue sat

shall wash his clothes, and bathe himself in water,

and be unclean until the even.

(7)

וְהַנֹּגֵעַ בִּבְשַׂר הַזָּב

יְכַבֵּס בְּגָדָיו וְרָחַץ בַּמַּיִם

וְטָמֵא עַד־הָעָרֶב

And he that touches the flesh of him that has the issue

shall wash his clothes, and bathe himself in water,

and be unclean until the even.

(8)

וְכִי־יָרֹק הַזָּב בַּטָּהוֹר

וְכִבֶּס בְּגָדָיו וְרָחַץ בַּמַּיִם

וְטָמֵא עַד־הָעָרֶב

And if he that has the issue spit upon him that is clean,
then he shall wash his clothes, and bathe himself in water,
and be unclean until the even.

(9)

וְכָל־הַמֶּרְכָּב אֲשֶׁר יִרְכַּב עָלָיו הַזָּב יִטְמָא

And what saddle soever he that has the issue rides upon shall be unclean.

(10)

וְכָל־הַנֹּגֵעַ בְּכֹל אֲשֶׁר יִהְיֶה תַחְתָּיו

יִטְמָא עַד־הָעָרֶב

וְהַנּוֹשֵׂא אוֹתָם

יְכַבֵּס בְּגָדָיו וְרָחַץ בַּמַּיִם

וְטָמֵא עַד־הָעָרֶב

And whosoever touches any thing that was under him
shall be unclean until the even;
and he that bears * those things
shall wash his clothes, and bathe himself in water,
and be unclean until the even.

(11)

וְכֹל אֲשֶׁר יִגַּע־בּוֹ הַזָּב

וְיָדָיו לֹא־שָׁטַף בַּמָּיִם

Level Three

וַיִּקְרָא ~ טו

And whomsoever he that has the issue touches,
without having rinsed his hands in water,

וְכִבֶּס בְּגָדָיו וְרָחַץ בַּמַּיִם

וְטָמֵא עַד־הָעָרֶב

he shall wash his clothes, and bathe himself in water,
and be unclean until the even.

(12)

וּכְלִי־חֶרֶשׂ

אֲשֶׁר־יִגַּע־בּוֹ הַזָּב

יִשָּׁבֵר וְכָל־כְּלִי־עֵץ

יִשָּׁטֵף בַּמָּיִם

And the earthen vessel,
which he that has the issue touches,
shall be broken; and every vessel of wood
shall be rinsed in water.

(13)

וְכִי־יִטְהַר הַזָּב מִזּוֹבוֹ

וְסָפַר לוֹ שִׁבְעַת יָמִים

לְטָהֳרָתוֹ

And when he that has an issue is cleansed of his issue,
then he shall number to himself seven days
for his cleansing,

וְכִבֶּס בְּגָדָיו וְרָחַץ בְּשָׂרוֹ
בְּמַיִם חַיִּים וְטָהֵר

and wash his clothes; and he shall bathe his flesh
in running water, and shall be clean.

(14)

וּבַיּוֹם הַשְּׁמִינִי
יִקַּח-לוֹ שְׁתֵּי תֹרִים
אוֹ שְׁנֵי בְּנֵי יוֹנָה וּבָא לִפְנֵי יהוה
אֶל-פֶּתַח אֹהֶל מוֹעֵד
וּנְתָנָם אֶל-הַכֹּהֵן

And on the eighth day
he shall take to him two turtle-doves,
or two young pigeons, and come before YHVH
to the door of the tent of meeting,
and give them to the priest.

(15)

וְעָשָׂה אֹתָם הַכֹּהֵן
אֶחָד חַטָּאת
וְהָאֶחָד עֹלָה
וְכִפֶּר עָלָיו הַכֹּהֵן
לִפְנֵי יהוה מִזּוֹבוֹ

Level Three

וַיִּקְרָא ~ טו

And the priest shall offer * them,

the one for a sin-offering,

and the one for a burnt-offering;

and the priest shall make atonement for him

before YHVH for his issue.

(16)

וְאִישׁ כִּי־תֵצֵא מִמֶּנּוּ שִׁכְבַת־זָרַע

וְרָחַץ בַּמַּיִם אֶת־כָּל־בְּשָׂרוֹ

וְטָמֵא עַד־הָעָרֶב

And if the flow of seed go out from a man,

then he shall bathe * all his flesh in water,

and be unclean until the even.

(17)

וְכָל־בֶּגֶד וְכָל־עוֹר אֲשֶׁר־יִהְיֶה עָלָיו שִׁכְבַת־זָרַע

וְכֻבַּס בַּמַּיִם וְטָמֵא עַד־הָעָרֶב

And every garment, and every skin, whereon is the flow of seed,

shall be washed with water, and be unclean until the even.

(18)

וְאִשָּׁה אֲשֶׁר יִשְׁכַּב אִישׁ אֹתָהּ שִׁכְבַת־זָרַע

וְרָחֲצוּ בַמַּיִם

וְטָמְאוּ עַד־הָעָרֶב

The woman who a man shall lie with * emmssion of seed,

they shall both bathe themselves in water,

and be unclean until the even.

159

Leviticus ~ 15

Female Discharges

(19)

וְאִשָּׁה כִּי-תִהְיֶה זָבָה

דָּם יִהְיֶה זֹבָהּ בִּבְשָׂרָהּ

שִׁבְעַת יָמִים תִּהְיֶה בְנִדָּתָהּ

וְכָל-הַנֹּגֵעַ בָּהּ יִטְמָא עַד-הָעָרֶב

And if a woman have an issue,

and her issue in her flesh be blood,

she shall be in her impurity seven days;

and whosoever touches her shall be unclean until the even.

(20)

וְכֹל אֲשֶׁר תִּשְׁכַּב עָלָיו בְּנִדָּתָהּ יִטְמָא

וְכֹל אֲשֶׁר-תֵּשֵׁב עָלָיו יִטְמָא

And every thing that she lies upon in her impurity shall be unclean;

and every thing also that she sits upon shall be unclean.

(21)

וְכָל-הַנֹּגֵעַ בְּמִשְׁכָּבָהּ

יְכַבֵּס בְּגָדָיו וְרָחַץ בַּמַּיִם

וְטָמֵא עַד-הָעָרֶב

And whosoever touches her bed

shall wash his clothes, and bathe himself in water,

and be unclean until the even.

Level Three   וַיִּקְרָא ~ טו

(22)

וְכָל־הַנֹּגֵעַ--בְּכָל־כְּלִי אֲשֶׁר־תֵּשֵׁב עָלָיו

יְכַבֵּס בְּגָדָיו וְרָחַץ בַּמַּיִם

וְטָמֵא עַד־הָעָרֶב

And whosoever touches any thing that she sits upon

shall wash his clothes, and bathe himself in water,

and be unclean until the even.

(23)

וְאִם עַל־הַמִּשְׁכָּב הוּא

אוֹ עַל־הַכְּלִי אֲשֶׁר־הִוא יֹשֶׁבֶת־עָלָיו

בְּנָגְעוֹ־בוֹ יִטְמָא עַד־הָעָרֶב

And if he be on the bed,

or on any thing whereon she sits,

when he touches it, he shall be unclean until the even.

(24)

וְאִם שָׁכֹב יִשְׁכַּב אִישׁ אֹתָהּ

וּתְהִי נִדָּתָהּ עָלָיו

וְטָמֵא שִׁבְעַת יָמִים

וְכָל־הַמִּשְׁכָּב אֲשֶׁר־יִשְׁכַּב עָלָיו יִטְמָא

And if any man lie with * her,

and her impurity be upon him,

he shall be unclean seven days;

and every bed whereon he lies shall be unclean.

(25)

וְאִשָּׁה כִּי־יָזוּב זוֹב דָּמָהּ
יָמִים רַבִּים בְּלֹא עֶת־נִדָּתָהּ
אוֹ כִי־תָזוּב עַל־נִדָּתָהּ
כָּל־יְמֵי זוֹב טֻמְאָתָהּ
כִּימֵי נִדָּתָהּ תִּהְיֶה
טְמֵאָה הִוא

And if a woman have an issue of her blood
many days not in the time of her impurity,
or if she have an issue beyond the time of her impurity;
all the days of the issue of her uncleanness
she shall be as in the days of her impurity:
she is unclean.

(26)

כָּל־הַמִּשְׁכָּב אֲשֶׁר־תִּשְׁכַּב עָלָיו כָּל־יְמֵי זוֹבָהּ
כְּמִשְׁכַּב נִדָּתָהּ יִהְיֶה־לָּהּ
וְכָל־הַכְּלִי אֲשֶׁר תֵּשֵׁב עָלָיו טָמֵא יִהְיֶה
כְּטֻמְאַת נִדָּתָהּ

Every bed whereon she lies all the days of her issue
shall be to her as the bed of her impurity;
and every thing whereon she sits shall be unclean,
as the uncleanness of her impurity.

(27)

וְכָל-הַנּוֹגֵעַ בָּם יִטְמָא
וְכִבֶּס בְּגָדָיו וְרָחַץ בַּמַּיִם
וְטָמֵא עַד-הָעָרֶב

And whosoever touches those things shall be unclean,
and shall wash his clothes, and bathe himself in water,
and be unclean until the even.

(28)

וְאִם-טָהֲרָה מִזּוֹבָהּ
וְסָפְרָה לָּהּ שִׁבְעַת יָמִים
וְאַחַר תִּטְהָר

But if she be cleansed of her issue,
then she shall number to herself seven days,
and after that she shall be clean.

(29)

וּבַיּוֹם הַשְּׁמִינִי תִּקַּח-לָהּ שְׁתֵּי תֹרִים
אוֹ שְׁנֵי בְּנֵי יוֹנָה
וְהֵבִיאָה אוֹתָם אֶל-הַכֹּהֵן
אֶל-פֶּתַח אֹהֶל מוֹעֵד

And on the eighth day she shall take to her two turtle-doves,
or two sons of a dove,
and bring them to the priest,
to the door of the tent of meeting.

Leviticus ~ 15

(30)

וְעָשָׂה הַכֹּהֵן אֶת-הָאֶחָד חַטָּאת
וְאֶת-הָאֶחָד עֹלָה
וְכִפֶּר עָלֶיהָ הַכֹּהֵן
לִפְנֵי יהוה מִזּוֹב טֻמְאָתָהּ

And the priest shall offer* the one for a sin-offering,
and * the other for a burnt-offering;
and the priest shall make atonement for her
before YHVH for the issue of her uncleanness.

(31)

וְהִזַּרְתֶּם אֶת-בְּנֵי-יִשְׂרָאֵל
מִטֻּמְאָתָם
וְלֹא יָמֻתוּ בְּטֻמְאָתָם
בְּטַמְּאָם אֶת-מִשְׁכָּנִי אֲשֶׁר בְּתוֹכָם

Thus shall you separate * the children of Israel
from their uncleanness;
that they die not in their uncleanness,
when they defile * My tabernacle that is in the midst of them.

(32)

זֹאת תּוֹרַת הַזָּב
וַאֲשֶׁר תֵּצֵא מִמֶּנּוּ שִׁכְבַת-זֶרַע
לְטָמְאָה-בָהּ

Level Three

וַיִּקְרָא ~ טו

This is the law of him that has an issue,

and of him from whom the flow of seed goes out,

so that he is unclean thereby;

(33)

וְהַדָּוָה בְּנִדָּתָהּ וְהַזָּב אֶת־זוֹבוֹ

לַזָּכָר וְלַנְּקֵבָה

וּלְאִישׁ אֲשֶׁר יִשְׁכַּב עִם־טְמֵאָה

*and of her that is sick with her impurity, and of them that have * an issue,*

whether it be a man, or a woman;

and of him that lies with her that is unclean.

Chapter Sixteen

Day Of Atonement Service

(1) And YHVH spoke to Moses, after the death of the two sons of Aaron, when they drew near before YHVH, and died;

(2) וַיֹּאמֶר יהוה אֶל־מֹשֶׁה *(and YHVH said to Moses):*

דַּבֵּר אֶל־אַהֲרֹן אָחִיךָ

וְאַל־יָבֹא בְכָל־עֵת אֶל־הַקֹּדֶשׁ מִבֵּית לַפָּרֹכֶת

אֶל־פְּנֵי הַכַּפֹּרֶת אֲשֶׁר עַל־הָאָרֹן

וְלֹא יָמוּת

כִּי בֶּעָנָן אֵרָאֶה עַל־הַכַּפֹּרֶת

Speak to Aaron your brother,

that he come not at all times into the holy place within the veil,

before the ark-cover which is upon the ark;

that he die not;

for I appear in the cloud upon the ark-cover.

(3)

בְּזֹאת יָבֹא אַהֲרֹן אֶל־הַקֹּדֶשׁ

בְּפַר בֶּן־בָּקָר לְחַטָּאת

וְאַיִל לְעֹלָה

Herewith shall Aaron come into the holy place:

with a young bullock for a sin-offering,

and a ram for a burnt-offering.

Level Three וַיִּקְרָא ~ טז

(4)

כְּתֹנֶת־בַּד קֹדֶשׁ יִלְבָּשׁ

וּמִכְנְסֵי־בַד יִהְיוּ עַל־בְּשָׂרוֹ

וּבְאַבְנֵט בַּד יַחְגֹּר

וּבְמִצְנֶפֶת בַּד יִצְנֹף

He shall put on the holy linen tunic,

and he shall have the linen breeches upon his flesh,

and shall be girded with the linen girdle,

and with the linen turban shall he be attired;

בִּגְדֵי־קֹדֶשׁ הֵם

וְרָחַץ בַּמַּיִם

אֶת־בְּשָׂרוֹ וּלְבֵשָׁם

they are the holy garments;

and he shall bathe his flesh in water,

and put them on.

(5)

וּמֵאֵת עֲדַת בְּנֵי יִשְׂרָאֵל יִקַּח

שְׁנֵי־שְׂעִירֵי עִזִּים לְחַטָּאת

וְאַיִל אֶחָד לְעֹלָה

And he shall take of the congregation of the children of Israel

two he-goats for a sin-offering,

and one ram for a burnt-offering.

Leviticus ~ 16

(6)

וְהִקְרִיב אַהֲרֹן אֶת־פַּר הַחַטָּאת
אֲשֶׁר־לוֹ וְכִפֶּר בַּעֲדוֹ
וּבְעַד בֵּיתוֹ

*And Aaron shall present * the bullock of the sin-offering,
which is for himself, and make atonement for himself,
and for his house.*

(7)

וְלָקַח אֶת־שְׁנֵי הַשְּׂעִירִם
וְהֶעֱמִיד אֹתָם לִפְנֵי יהוה
פֶּתַח אֹהֶל מוֹעֵד

*And he shall take * the two goats,
and set * them before YHVH
at the door of the tent of meeting.*

(8)

וְנָתַן אַהֲרֹן עַל־שְׁנֵי הַשְּׂעִירִם גֹּרָלוֹת
גּוֹרָל אֶחָד לַיהוה וְגוֹרָל אֶחָד לַעֲזָאזֵל

*And Aaron shall cast lots upon the two goats:
one lot for YHVH, and the other lot for Azazel (departure).*

(9)

וְהִקְרִיב אַהֲרֹן אֶת־הַשָּׂעִיר
אֲשֶׁר עָלָה עָלָיו הַגּוֹרָל לַיהוה
וְעָשָׂהוּ חַטָּאת

Level Three   וַיִּקְרָא ~ טז

And Aaron shall present * the hairy goat

upon which the lot fell for YHVH,

and offer him for a sin-offering.

(10)

וְהַשָּׂעִיר אֲשֶׁר עָלָה עָלָיו הַגּוֹרָל לַעֲזָאזֵל

יָעֳמַד־חַי לִפְנֵי יהוה

לְכַפֵּר עָלָיו לְשַׁלַּח אֹתוֹ

לַעֲזָאזֵל הַמִּדְבָּרָה

But the hairy goat, on which the lot fell for Azazel (departure),

shall be set alive before YHVH,

to make atonement over him, to send * him away

for Azazel (departure) into the wilderness.

(11)

וְהִקְרִיב אַהֲרֹן אֶת־פַּר הַחַטָּאת

אֲשֶׁר־לוֹ וְכִפֶּר בַּעֲדוֹ

וּבְעַד בֵּיתוֹ

וְשָׁחַט אֶת־פַּר

הַחַטָּאת אֲשֶׁר־לוֹ

And Aaron shall present * the bullock of the sin-offering,

which is for himself, and shall make atonement for himself,

and for his house,

and shall kill the bullock of

the sin-offering which is for himself.

Leviticus ~ 16

(12)

וְלָקַח מְלֹא־הַמַּחְתָּה גַּחֲלֵי־אֵשׁ
מֵעַל הַמִּזְבֵּחַ מִלִּפְנֵי יהוה
וּמְלֹא חָפְנָיו קְטֹרֶת סַמִּים דַּקָּה
וְהֵבִיא מִבֵּית לַפָּרֹכֶת

And he shall take a censer full of coals of fire
from off the altar before YHVH,
and his hands full of sweet incense beaten small,
and bring it within the veil.

(13)

וְנָתַן אֶת־הַקְּטֹרֶת עַל־הָאֵשׁ לִפְנֵי יהוה
וְכִסָּה עֲנַן הַקְּטֹרֶת אֶת־הַכַּפֹּרֶת
אֲשֶׁר עַל־הָעֵדוּת
וְלֹא יָמוּת

*And he shall put * the incense upon the fire before YHVH,*
*that the cloud of the incense may cover * the ark-cover*
that is upon the testimony,
that he die not.

(14)

וְלָקַח מִדַּם הַפָּר
וְהִזָּה בְאֶצְבָּעוֹ עַל־פְּנֵי הַכַּפֹּרֶת קֵדְמָה
וְלִפְנֵי הַכַּפֹּרֶת יַזֶּה
שֶׁבַע־פְּעָמִים מִן־הַדָּם־־בְּאֶצְבָּעוֹ

Level Three

וַיִּקְרָא ~ טז

And he shall take of the blood of the bullock,
and sprinkle it with his finger upon the ark-cover on the east;
and before the ark- cover shall he sprinkle
of the blood with his finger seven times.

(15)

וְשָׁחַט אֶת־שְׂעִיר הַחַטָּאת אֲשֶׁר לָעָם

וְהֵבִיא אֶת־דָּמוֹ אֶל־מִבֵּית לַפָּרֹכֶת

וְעָשָׂה אֶת־דָּמוֹ כַּאֲשֶׁר עָשָׂה לְדַם הַפָּר

וְהִזָּה אֹתוֹ עַל־הַכַּפֹּרֶת וְלִפְנֵי הַכַּפֹּרֶת

*Then shall he kill * the goat of the sin-offering, that is for the people,*
*and bring * his blood within the veil,*
*and do with * his blood as he did with the blood of the bullock,*
*and sprinkle * it upon the ark-cover, and before the ark-cover.*

(16)

וְכִפֶּר עַל־הַקֹּדֶשׁ

מִטֻּמְאֹת בְּנֵי יִשְׂרָאֵל

וּמִפִּשְׁעֵיהֶם לְכָל־חַטֹּאתָם

וְכֵן יַעֲשֶׂה לְאֹהֶל מוֹעֵד

הַשֹּׁכֵן אִתָּם בְּתוֹךְ טֻמְאֹתָם

And he shall make atonement for the holy place,
because of the uncleannesses of the children of Israel,
and because of their transgressions, even all their sins;
and so shall he do for the tent of meeting,
*that dwells with * them in the midst of their uncleannesses.*

Leviticus ~ 16

(17)

וְכָל־אָדָם לֹא־יִהְיֶה בְּאֹהֶל מוֹעֵד

בְּבֹאוֹ לְכַפֵּר בַּקֹּדֶשׁ

עַד־צֵאתוֹ וְכִפֶּר בַּעֲדוֹ

וּבְעַד בֵּיתוֹ וּבְעַד כָּל־קְהַל יִשְׂרָאֵל

And there shall be no man in the tent of meeting

when he goes in to make atonement in the holy place,

until he come out, and have made atonement for himself,

and for his household, and for all the assembly of Israel.

(18)

וְיָצָא אֶל־הַמִּזְבֵּחַ אֲשֶׁר לִפְנֵי־יהוה

וְכִפֶּר עָלָיו

וְלָקַח מִדַּם הַפָּר

וּמִדַּם הַשָּׂעִיר

וְנָתַן עַל־קַרְנוֹת הַמִּזְבֵּחַ סָבִיב

And he shall go out to the altar that is before YHVH,

and make atonement for it;

and shall take of the blood of the bullock,

and of the blood of the goat,

and put it upon the horns of the altar round about.

(19)

וְהִזָּה עָלָיו מִן־הַדָּם בְּאֶצְבָּעוֹ

שֶׁבַע פְּעָמִים וְטִהֲרוֹ

וְקִדְּשׁוֹ מִטֻּמְאֹת בְּנֵי יִשְׂרָאֵל

And he shall sprinkle of the blood upon it with his finger
seven times, and cleanse it,
and hallow it from the uncleannesses of the children of Israel.

(20)

וְכִלָּה מִכַּפֵּר אֶת-הַקֹּדֶשׁ
וְאֶת-אֹהֶל מוֹעֵד וְאֶת-הַמִּזְבֵּחַ
וְהִקְרִיב אֶת-הַשָּׂעִיר הֶחָי

*And when he has made an end of atoning for * the holy place,*
*and the tent of meeting, and * the altar,*
*and he shall present * the live goat.*

(21)

וְסָמַךְ אַהֲרֹן אֶת-שְׁתֵּי יָדָו
עַל רֹאשׁ הַשָּׂעִיר הַחַי
וְהִתְוַדָּה עָלָיו אֶת-כָּל-עֲוֹנֹת בְּנֵי יִשְׂרָאֵל

*And Aaron shall lay * both his hands*
upon the head of the live goat,
*and confess over him * all the iniquities of the children of Israel,*

וְאֶת-כָּל-פִּשְׁעֵיהֶם לְכָל-חַטֹּאתָם
וְנָתַן אֹתָם עַל-רֹאשׁ הַשָּׂעִיר
וְשִׁלַּח בְּיַד-אִישׁ עִתִּי הַמִּדְבָּרָה

*and * all their transgressions, even all their sins;*
*and he shall put * them upon the head of the goat,*
and shall sends by the hand of an appointed man into the wilderness.

Leviticus ~ 16

(22)

וְנָשָׂא הַשָּׂעִיר עָלָיו
אֶת-כָּל-עֲוֹנֹתָם אֶל-אֶרֶץ גְּזֵרָה
וְשִׁלַּח אֶת-הַשָּׂעִיר בַּמִּדְבָּר

And the goat shall bear upon him
* all their iniquities to a land which is cut off;
and he shall let go * the goat in the wilderness.

(23)

וּבָא אַהֲרֹן אֶל-אֹהֶל מוֹעֵד
וּפָשַׁט אֶת-בִּגְדֵי הַבָּד
אֲשֶׁר לָבַשׁ בְּבֹאוֹ אֶל-הַקֹּדֶשׁ
וְהִנִּיחָם שָׁם

And Aaron shall come into the tent of meeting,
and shall put off * the linen garments,
which he put on when he went into the holy place,
and shall leave them there.

(24)

וְרָחַץ אֶת-בְּשָׂרוֹ בַמַּיִם בְּמָקוֹם קָדוֹשׁ
וְלָבַשׁ אֶת-בְּגָדָיו וְיָצָא

And he shall bathe * his flesh in water in a holy place
and put on * his other vestments, and comes forth,

וְעָשָׂה אֶת-עֹלָתוֹ וְאֶת-עֹלַת הָעָם
וְכִפֶּר בַּעֲדוֹ וּבְעַד הָעָם

Level Three ויקרא ~ טז

and offer * his burnt- offering and * the burnt-offering of the people,

and make atonement for himself and for the people.

(25)

וְאֵת חֵלֶב הַחַטָּאת יַקְטִיר הַמִּזְבֵּחָה

And the fat of the sin-offering shall he make smoke upon the altar.

(26)

וְהַמְשַׁלֵּחַ אֶת־הַשָּׂעִיר לַעֲזָאזֵל

יְכַבֵּס בְּגָדָיו וְרָחַץ אֶת־בְּשָׂרוֹ בַּמָּיִם

וְאַחֲרֵי־כֵן יָבוֹא אֶל־הַמַּחֲנֶה

And he that lets go * the goat for Azazel

shall wash his clothes, and bathe * his flesh in water,

and afterward he may come into the camp.

(27)

וְאֵת פַּר הַחַטָּאת

וְאֵת שְׂעִיר הַחַטָּאת

אֲשֶׁר הוּבָא אֶת־דָּמָם לְכַפֵּר בַּקֹּדֶשׁ

יוֹצִיא אֶל־מִחוּץ לַמַּחֲנֶה

And * the bullock of the sin-offering,

and * the goat of the sin-offering,

whose * blood was brought in to make atonement in the holy place,

shall be carried forth without the camp;

Leviticus ~ 16

וְשָׂרְפוּ בָאֵשׁ אֶת־עֹרֹתָם

וְאֶת־בְּשָׂרָם וְאֶת־פִּרְשָׁם

and they shall burn in the fire * their skins,

and * their flesh, and * their dung.

(28)

וְהַשֹּׂרֵף אֹתָם יְכַבֵּס בְּגָדָיו

וְרָחַץ אֶת־בְּשָׂרוֹ בַּמָּיִם

וְאַחֲרֵי־כֵן יָבוֹא אֶל־הַמַּחֲנֶה

And he that burns * them shall wash his clothes,

and bathe his flesh in water,

and afterward he may come into the camp.

(29)

וְהָיְתָה לָכֶם לְחֻקַּת עוֹלָם

בַּחֹדֶשׁ הַשְּׁבִיעִי בֶּעָשׂוֹר לַחֹדֶשׁ

תְּעַנּוּ אֶת־נַפְשֹׁתֵיכֶם וְכָל־מְלָאכָה לֹא תַעֲשׂוּ

הָאֶזְרָח וְהַגֵּר הַגָּר בְּתוֹכְכֶם

And it shall be a statute forever to you:

in the seventh month, on the tenth day of the month,

you shall afflict * your souls, and shall do no manner of work,

the home-born, or the stranger that sojourns among you.

(30)

כִּי־בַיּוֹם הַזֶּה יְכַפֵּר עֲלֵיכֶם

לְטַהֵר אֶתְכֶם מִכֹּל חַטֹּאתֵיכֶם

לִפְנֵי יהוה תִּטְהָרוּ

Level Three

וַיִּקְרָא ~ טז

For on this day shall atonement be made for you,

to cleanse * you from all your sins

shall you be clean before YHVH.

(31)

שַׁבַּת שַׁבָּתוֹן הִיא לָכֶם

וְעִנִּיתֶם אֶת־נַפְשֹׁתֵיכֶם

חֻקַּת עוֹלָם

It is a sabbath of solemn rest to you,

and you shall afflict* your souls;

it is a statute forever.

(32)

וְכִפֶּר הַכֹּהֵן אֲשֶׁר־יִמְשַׁח אֹתוֹ

וַאֲשֶׁר יְמַלֵּא אֶת־יָדוֹ לְכַהֵן תַּחַת אָבִיו

וְלָבַשׁ אֶת־בִּגְדֵי הַבָּד

בִּגְדֵי הַקֹּדֶשׁ

And the priest makes atonement for * him, who shall be anointed

and who shall shall fill * his hand to be priest in his father's stead,

and shall put on * the linen garments,

even the holy garments.

(33)

וְכִפֶּר אֶת־מִקְדַּשׁ הַקֹּדֶשׁ

וְאֶת־אֹהֶל מוֹעֵד וְאֶת־הַמִּזְבֵּחַ

And he shall make atonement for * the most holy place,

and * the tent of meeting and for * the altar;

יְכַפֵּר וְעַל הַכֹּהֲנִים
וְעַל-כָּל-עַם הַקָּהָל יְכַפֵּר

and he shall make atonement for the priests
and for all the people of the assembly.

(34)

וְהָיְתָה-זֹּאת לָכֶם לְחֻקַּת עוֹלָם
לְכַפֵּר עַל-בְּנֵי יִשְׂרָאֵל
מִכָּל-חַטֹּאתָם אַחַת בַּשָּׁנָה

And this shall be an everlasting statute to you,
to make atonement for the children of Israel
because of all their sins once in the year.

וַיַּעַשׂ כַּאֲשֶׁר צִוָּה יהוה אֶת-מֹשֶׁה *(And he did as YHVH commanded * Moses).*

Chapter Seventeen

Outside The Tabernacle

(1) וַיְדַבֵּר יהוה אֶל־מֹשֶׁה לֵּאמֹר (*And YHVH spoke to Moses saying*):

(2)

דַּבֵּר אֶל־אַהֲרֹן וְאֶל־בָּנָיו

וְאֶל כָּל־בְּנֵי יִשְׂרָאֵל

וְאָמַרְתָּ אֲלֵיהֶם

זֶה הַדָּבָר אֲשֶׁר־צִוָּה יהוה לֵאמֹר

Speak to Aaron, and to his sons,

and to all the children of Israel,

and say to them:

This is the thing which YHVH has commanded, saying:

(3)

אִישׁ אִישׁ מִבֵּית יִשְׂרָאֵל

אֲשֶׁר יִשְׁחַט שׁוֹר אוֹ־כֶשֶׂב אוֹ־עֵז

בַּמַּחֲנֶה אוֹ אֲשֶׁר יִשְׁחַט מִחוּץ לַמַּחֲנֶה

What man soever there be of the house of Israel,

that kills an ox, or lamb, or goat,

in the camp, or that kills it without the camp,

(4)

וְאֶל־פֶּתַח אֹהֶל מוֹעֵד

and to the door of the tent of meeting,

לֹא הֱבִיאוֹ לְהַקְרִיב קָרְבָּן לַיהוה

לִפְנֵי מִשְׁכַּן יהוה

דָּם יֵחָשֵׁב לָאִישׁ

הַהוּא דָּם שָׁפָךְ

וְנִכְרַת הָאִישׁ הַהוּא מִקֶּרֶב עַמּוֹ

has not brought it to present it as an offering to YHVH

before the tabernacle of YHVH,

blood shall be imputed to that man;

he has shed blood;

and that man shall be cut off from among his people.

(5)

לְמַעַן אֲשֶׁר יָבִיאוּ בְּנֵי יִשְׂרָאֵל

אֶת-זִבְחֵיהֶם

אֲשֶׁר הֵם זֹבְחִים עַל-פְּנֵי הַשָּׂדֶה

וֶהֱבִיאֻם לַיהוה

אֶל-פֶּתַח אֹהֶל מוֹעֵד אֶל-הַכֹּהֵן

וְזָבְחוּ זִבְחֵי שְׁלָמִים לַיהוה אוֹתָם

To the end that the children of Israel

*may bring * their sacrifices,*

which they sacrifice in the open field,

even that they may bring them to YHVH,

to the door of the tent of meeting, to the priest,

*and sacrifice * them for sacrifices of peace-offerings to YHVH.*

Level Three

וַיִּקְרָא ~ יז

(6)

וְזָרַק הַכֹּהֵן אֶת-הַדָּם עַל-מִזְבַּח יהוה

פֶּתַח אֹהֶל מוֹעֵד

וְהִקְטִיר הַחֵלֶב לְרֵיחַ נִיחֹחַ לַיהוה

And the priest shall dash * the blood against the altar of YHVH

at the door of the tent of meeting,

and make the fat smoke for a sweet savor to YHVH.

(7)

וְלֹא-יִזְבְּחוּ עוֹד אֶת-זִבְחֵיהֶם

לַשְּׂעִירִם אֲשֶׁר הֵם זֹנִים אַחֲרֵיהֶם

חֻקַּת עוֹלָם תִּהְיֶה-זֹּאת לָהֶם לְדֹרֹתָם

And they shall no more sacrifice * their sacrifices

to the satyrs, after whom they go astray.

This shall be a statute forever to them throughout their generations.

(8)

וַאֲלֵהֶם תֹּאמַר

אִישׁ אִישׁ מִבֵּית יִשְׂרָאֵל

וּמִן-הַגֵּר אֲשֶׁר-יָגוּר בְּתוֹכָם

אֲשֶׁר-יַעֲלֶה עֹלָה אוֹ-זָבַח

And you shall say to them:

Whatsoever man there be of the house of Israel,

or of the strangers that sojourn among them,

that offers a burnt-offering or sacrifice,

181

Leviticus ~ 17

(9)

וְאֶל־פֶּתַח אֹהֶל מוֹעֵד לֹא יְבִיאֶנּוּ
לַעֲשׂוֹת אֹתוֹ לַיהוה
וְנִכְרַת הָאִישׁ הַהוּא מֵעַמָּיו

and brings it not to the door of the tent of meeting,

to sacrifice * it to YHVH,

even that man shall be cut off from his people.

Prohibition Against Eating Blood

(10)

וְאִישׁ אִישׁ מִבֵּית יִשְׂרָאֵל
וּמִן־הַגֵּר הַגָּר בְּתוֹכָם
אֲשֶׁר יֹאכַל כָּל־דָּם
וְנָתַתִּי פָנַי בַּנֶּפֶשׁ הָאֹכֶלֶת אֶת־הַדָּם
וְהִכְרַתִּי אֹתָהּ מִקֶּרֶב עַמָּהּ

And whatsoever man there be of the house of Israel,

or of the strangers that sojourn among them,

that eats any manner of blood,

I will set My face against that soul that eats * blood,

and will cut * him off from among his people.

(11)

כִּי נֶפֶשׁ הַבָּשָׂר בַּדָּם הִוא
וַאֲנִי נְתַתִּיו לָכֶם עַל־הַמִּזְבֵּחַ

Level Three

וַיִּקְרָא ~ יז

For the life of the flesh is in the blood;

and I have given it to you upon the altar

לְכַפֵּר עַל־נַפְשֹׁתֵיכֶם

כִּי־הַדָּם הוּא בַּנֶּפֶשׁ יְכַפֵּר

to make atonement for your souls;

for it is the blood that makes atonement.

(12)

עַל־כֵּן אָמַרְתִּי לִבְנֵי יִשְׂרָאֵל

כָּל־נֶפֶשׁ מִכֶּם לֹא־תֹאכַל דָּם

וְהַגֵּר הַגָּר בְּתוֹכְכֶם לֹא־יֹאכַל דָּם

Therefore I said to the children of Israel:

No soul of you shall eat blood,

neither shall any stranger that sojourns among you eat blood.

(13)

וְאִישׁ אִישׁ מִבְּנֵי יִשְׂרָאֵל

וּמִן־הַגֵּר הַגָּר בְּתוֹכָם

אֲשֶׁר יָצוּד צֵיד חַיָּה אוֹ־עוֹף אֲשֶׁר יֵאָכֵל

וְשָׁפַךְ אֶת־דָּמוֹ וְכִסָּהוּ בֶּעָפָר

And whatsoever man there be of the children of Israel,

or of the strangers that sojourn among them,

that takes in hunting any beast or fowl that may be eaten,

*he shall pour out * the blood thereof, and cover it with dust.*

(14)

כִּי-נֶפֶשׁ כָּל-בָּשָׂר
דָּמוֹ בְנַפְשׁוֹ הוּא
וָאֹמַר לִבְנֵי יִשְׂרָאֵל

For as to the soul of all flesh,
the blood thereof is all one with the soul thereof;
therefore I said to the children of Israel:

דַּם כָּל-בָּשָׂר לֹא תֹאכֵלוּ
כִּי נֶפֶשׁ כָּל-בָּשָׂר דָּמוֹ הִוא
כָּל-אֹכְלָיו יִכָּרֵת

You shall eat the blood of no manner of flesh;
for the soul of all flesh is the blood thereof;
whosoever eats it shall be cut off.

(15)

וְכָל-נֶפֶשׁ אֲשֶׁר תֹּאכַל נְבֵלָה
וּטְרֵפָה
בָּאֶזְרָח וּבַגֵּר

And every soul that eats that which dies of itself,
and that which is torn to pieces,
whether he be home-born or a stranger,

וְכִבֶּס בְּגָדָיו וְרָחַץ בַּמַּיִם
וְטָמֵא עַד-הָעֶרֶב וְטָהֵר

he shall wash his clothes, and bathe himself in water,
and be unclean until the even; then shall he be clean.

(16)

וְאִם לֹא יְכַבֵּס וּבְשָׂרוֹ לֹא יִרְחָץ
וְנָשָׂא עֲוֹנוֹ

But if he wash them not, nor bathe his flesh,
then he shall bear his iniquity.

Chapter Eighteen

Forbidden Practices

(1) וַיְדַבֵּר יהוה אֶל־מֹשֶׁה לֵּאמֹר (And YHVH spoke to Moses saying):

(2)
דַּבֵּר אֶל־בְּנֵי יִשְׂרָאֵל וְאָמַרְתָּ אֲלֵהֶם
אֲנִי יהוה אֱלֹהֵיכֶם

Speak to the children of Israel, and say to them:
I am YHVH your God.

(3)
כְּמַעֲשֵׂה אֶרֶץ־מִצְרַיִם
אֲשֶׁר יְשַׁבְתֶּם־בָּהּ לֹא תַעֲשׂוּ
וּכְמַעֲשֵׂה אֶרֶץ־כְּנַעַן
אֲשֶׁר אֲנִי מֵבִיא אֶתְכֶם שָׁמָּה לֹא תַעֲשׂוּ
וּבְחֻקֹּתֵיהֶם לֹא תֵלֵכוּ

After the doings of the land of Egypt,
wherein you dwelt, shall you not do;
and after the doings of the land of Canaan,
whither I bring * you, shall you not do;
neither shall you walk in their statutes.

(4)
אֶת־מִשְׁפָּטַי תַּעֲשׂוּ
וְאֶת־חֻקֹּתַי תִּשְׁמְרוּ לָלֶכֶת בָּהֶם
אֲנִי יהוה אֱלֹהֵיכֶם

Level Three

וַיִּקְרָא ~ יח

* My ordinances shall you do,
and *My statutes shall you keep, to walk therein:
I am YHVH your God.

(5)

וּשְׁמַרְתֶּם אֶת־חֻקֹּתַי וְאֶת־מִשְׁפָּטַי
אֲשֶׁר יַעֲשֶׂה אֹתָם הָאָדָם וָחַי בָּהֶם
אֲנִי יהוה

You shall therefore keep * My statutes, and * My ordinances,
which if a man do * them, and he shall live by them:
I am YHVH.

(6)

אִישׁ אִישׁ אֶל־כָּל־שְׁאֵר בְּשָׂרוֹ
לֹא תִקְרְבוּ לְגַלּוֹת עֶרְוָה
אֲנִי יהוה

Any man to all of kin of his flesh,
shall not come near to uncover their nakedness.
I am YHVH.

(7)

עֶרְוַת אָבִיךָ וְעֶרְוַת אִמְּךָ
לֹא תְגַלֵּה אִמְּךָ הִוא
לֹא תְגַלֶּה עֶרְוָתָהּ

The nakedness of your father, and the nakedness of your mother,
shall you not uncover: she is your mother;
you shall not uncover her nakedness.

187

Leviticus ~ 18

(8)

עֶרְוַת אֵשֶׁת־אָבִיךָ לֹא תְגַלֵּה
עֶרְוַת אָבִיךָ הִוא

The nakedness of your father's wife shall you not uncover:
it is your father's nakedness.

(9)

עֶרְוַת אֲחוֹתְךָ
בַת־אָבִיךָ אוֹ בַת־אִמֶּךָ
מוֹלֶדֶת בַּיִת אוֹ מוֹלֶדֶת חוּץ
לֹא תְגַלֶּה עֶרְוָתָן

The nakedness of your sister,
the daughter of your father, or the daughter of your mother,
whether born at home, or born abroad,
even their nakedness you shall not uncover.

(10)

עֶרְוַת בַּת־בִּנְךָ
אוֹ בַת־בִּתְּךָ
לֹא תְגַלֶּה עֶרְוָתָן
כִּי עֶרְוָתְךָ, הֵנָּה

The nakedness of your son's daughter,
or of your daughter's daughter,
even their nakedness you shall not uncover;
for theirs is your own nakedness.

Level Three   וַיִּקְרָא ~ יח

(11)

עֶרְוַת בַּת־אֵשֶׁת אָבִיךָ
מוֹלֶדֶת אָבִיךָ אֲחוֹתְךָ הִוא
לֹא תְגַלֶּה עֶרְוָתָהּ

The nakedness of your father's wife's daughter,
begotten of your father, she is your sister,
you shall not uncover her nakedness.

(12)

עֶרְוַת אֲחוֹת־אָבִיךָ לֹא תְגַלֵּה
שְׁאֵר אָבִיךָ הִוא

You shall not uncover the nakedness of your father's sister:
she is your father's near kinswoman.

(13)

עֶרְוַת אֲחוֹת־אִמְּךָ לֹא תְגַלֵּה
כִּי־שְׁאֵר אִמְּךָ הִוא

You shall not uncover the nakedness of your mother's sister;
for she is your mother's near kinswoman.

(14)

עֶרְוַת אֲחִי־אָבִיךָ לֹא תְגַלֵּה
אֶל־אִשְׁתּוֹ לֹא תִקְרָב דֹּדָתְךָ הִוא

You shall not uncover the nakedness of your fathers brother,
you shall not approach to his wife: she is your aunt.

189

(15)

עֶרְוַת כַּלָּתְךָ לֹא תְגַלֵּה
אֵשֶׁת בִּנְךָ הִוא
לֹא תְגַלֶּה עֶרְוָתָהּ

You shall not uncover the nakedness of your daughter-in-law:
she is your son' wife;
you shall not uncover her nakedness.

(16)

עֶרְוַת אֵשֶׁת־אָחִיךָ לֹא תְגַלֵּה
עֶרְוַת אָחִיךָ הִוא

You shall not uncover the nakedness of your brother's wife:
it is your brother's nakedness.

(17)

עֶרְוַת אִשָּׁה וּבִתָּהּ לֹא תְגַלֵּה
אֶת־בַּת־בְּנָהּ
וְאֶת־בַּת־בִּתָּהּ
לֹא תִקַּח לְגַלּוֹת עֶרְוָתָהּ
שַׁאֲרָה הֵנָּה זִמָּה הִוא

You shall not uncover the nakedness of a woman and her daughter;
* her son's daughter,
or * her daughter's daughter,
you shall not take to uncover her nakedness:
they are near kinswomen; it is lewdness.

Level Three

וַיִּקְרָא ~ יח

(18)

וְאִשָּׁה אֶל-אֲחֹתָהּ לֹא תִקָּח

לִצְרֹר לְגַלּוֹת עֶרְוָתָהּ עָלֶיהָ

בְּחַיֶּיהָ

And you shall not take a woman to her sister,

to be a rival to her, to uncover her nakedness,

beside the other in her lifetime.

(19)

וְאֶל-אִשָּׁה בְּנִדַּת טֻמְאָתָהּ

לֹא תִקְרַב לְגַלּוֹת עֶרְוָתָהּ

And to a woman as long as she is impure by her uncleanness,

you shall not approach to uncover her nakedness.

(20)

וְאֶל-אֵשֶׁת עֲמִיתְךָ

לֹא-תִתֵּן שְׁכָבְתְּךָ לְזָרַע לְטָמְאָה-בָהּ

And with your neighbor's wife,

you shall not lie carnally to defile yourself with her.

(21)

וּמִזַּרְעֲךָ לֹא-תִתֵּן לְהַעֲבִיר לַמֹּלֶךְ

וְלֹא תְחַלֵּל אֶת-שֵׁם אֱלֹהֶיךָ

אֲנִי יהוה

And you shall not give any of your seed to set them apart to Molech,

*neither shall you profane * the name of your God:*

I am YHVH.

(22)

וְאֶת־זָכָר לֹא תִשְׁכַּב מִשְׁכְּבֵי אִשָּׁה
תּוֹעֵבָה הִוא

*You shall not lie with * mankind, as with womankind;
it is abomination.*

(23)

וּבְכָל־בְּהֵמָה לֹא־תִתֵּן שְׁכָבְתְּךָ לְטָמְאָה־בָהּ
וְאִשָּׁה לֹא־תַעֲמֹד לִפְנֵי בְהֵמָה לְרִבְעָהּ
תֶּבֶל הוּא

*And you shall not lie with any beast to defile yourself therewith;
neither shall any woman stand before a beast, to lie down thereto;
it is perversion.*

(24)

אַל־תִּטַּמְּאוּ בְּכָל־אֵלֶּה
כִּי בְכָל־אֵלֶּה נִטְמְאוּ הַגּוֹיִם
אֲשֶׁר־אֲנִי מְשַׁלֵּחַ מִפְּנֵיכֶם

*Defile not you yourselves in any of these things;
for in all these the nations are defiled,
which I cast out from before you.*

(25)

וַתִּטְמָא הָאָרֶץ וָאֶפְקֹד עֲוֹנָהּ עָלֶיהָ
וַתָּקִא הָאָרֶץ אֶת־יֹשְׁבֶיהָ

*And the land was defiled, and I visited the iniquity thereof upon it,
and the land vomited out * her inhabitants.*

Level Three   וַיִּקְרָא ~ יח

(26)

וּשְׁמַרְתֶּם אַתֶּם אֶת-חֻקֹּתַי

וְאֶת-מִשְׁפָּטַי

וְלֹא תַעֲשׂוּ מִכֹּל הַתּוֹעֵבֹת הָאֵלֶּה

הָאֶזְרָח וְהַגֵּר

הַגָּר בְּתוֹכְכֶם

*You therefore shall keep * My statutes

and * My ordinances,

and shall not do any of these abominations;

neither the home-born, nor the stranger

that sojourns among you.

(27)

כִּי אֶת-כָּל-הַתּוֹעֵבֹת הָאֵל עָשׂוּ אַנְשֵׁי-הָאָרֶץ

אֲשֶׁר לִפְנֵיכֶם וַתִּטְמָא הָאָרֶץ

For all these abominations have the men of the land done,

that were before you, and the land is defiled -

(28)

וְלֹא-תָקִיא הָאָרֶץ אֶתְכֶם

בְּטַמַּאֲכֶם אֹתָהּ

כַּאֲשֶׁר קָאָה אֶת-הַגּוֹי אֲשֶׁר לִפְנֵיכֶם

that the land vomit not * you out also,

when you defile * it,

as it vomited out * the nation that was before you.

Leviticus ~ 18

(29)

כִּי כָּל־אֲשֶׁר יַעֲשֶׂה מִכֹּל הַתּוֹעֵבֹת הָאֵלֶּה
וְנִכְרְתוּ הַנְּפָשׁוֹת הָעֹשֹׂת
מִקֶּרֶב עַמָּם

For whosoever shall do any of these abominations,
even the souls that do them shall be cut off
from among their people.

(30)

וּשְׁמַרְתֶּם אֶת־מִשְׁמַרְתִּי
לְבִלְתִּי עֲשׂוֹת מֵחֻקּוֹת הַתּוֹעֵבֹת
אֲשֶׁר נַעֲשׂוּ לִפְנֵיכֶם
וְלֹא תִטַּמְּאוּ בָּהֶם
אֲנִי יהוה אֱלֹהֵיכֶם

*Therefore shall you keep * My charge,*
that you do not any of these abominable customs,
which were done before you,
and that you defile not yourselves therein:
I am YHVH your God.

Chapter Nineteen

Pertaining To Holiness

(1) וַיְדַבֵּר יהוה אֶל-מֹשֶׁה לֵּאמֹר (*And YHVH spoke to Moses saying*):

(2)
דַּבֵּר אֶל-כָּל-עֲדַת
בְּנֵי-יִשְׂרָאֵל וְאָמַרְתָּ אֲלֵהֶם
קְדֹשִׁים תִּהְיוּ
כִּי קָדוֹשׁ אֲנִי יהוה אֱלֹהֵיכֶם

Speak to all the congregation
of the children of Israel, and say to them:
You shall be holy;
for I YHVH your God am holy.

(3)
אִישׁ אִמּוֹ וְאָבִיו תִּירָאוּ
וְאֶת-שַׁבְּתֹתַי תִּשְׁמֹרוּ
אֲנִי יהוה אֱלֹהֵיכֶם

You shall fear every man his mother, and his father,
*and you shall keep * My sabbaths:*
I am YHVH your God.

(4)
אַל-תִּפְנוּ אֶל-הָאֱלִילִם

Turn you not to the idols,

Leviticus ~ 19

וֵאלֹהֵי מַסֵּכָה לֹא תַעֲשׂוּ לָכֶם

אֲנִי יהוה אֱלֹהֵיכֶם

nor make to yourselves molten gods:
I am YHVH your God.

(5)

וְכִי תִזְבְּחוּ זֶבַח שְׁלָמִים לַיהוה

לִרְצֹנְכֶם תִּזְבָּחֻהוּ

And when you offer a sacrifice of peace-offerings to YHVH,
you shall offer it that you may be accepted.

(6)

בְּיוֹם זִבְחֲכֶם יֵאָכֵל וּמִמָּחֳרָת וְהַנּוֹתָר

עַד־יוֹם הַשְּׁלִישִׁי

בָּאֵשׁ יִשָּׂרֵף

It shall be eaten the same day you offer it, and on the morrow;
and if aught remain until the third day,
it shall be burnt with fire.

(7)

וְאִם הֵאָכֹל יֵאָכֵל בַּיּוֹם הַשְּׁלִישִׁי

פִּגּוּל הוּא לֹא יֵרָצֶה

And if it be eaten at all on the third day,
it is a vile thing; it shall not be accepted.

Level Three

וַיִּקְרָא ~ יט

(8)

וְאֹכְלָיו עֲוֺנוֹ יִשָּׂא
כִּי־אֶת־קֹדֶשׁ יהוה חִלֵּל
וְנִכְרְתָה הַנֶּפֶשׁ הַהִוא מֵעַמֶּיהָ

But every one that eats it shall bear his iniquity,
*because he has profaned * the holy thing of YHVH;*
and that soul shall be cut off from his people.

(9)

וּבְקֻצְרְכֶם אֶת־קְצִיר אַרְצְכֶם
לֹא תְכַלֶּה פְּאַת שָׂדְךָ לִקְצֹר
וְלֶקֶט קְצִירְךָ לֹא תְלַקֵּט

*And when you reap * the harvest of your land,*
you shall not wholly reap the corner of your field,
neither shall you gather the gleaning of your harvest.

(10)

וְכַרְמְךָ לֹא תְעוֹלֵל
וּפֶרֶט כַּרְמְךָ לֹא תְלַקֵּט
לֶעָנִי וְלַגֵּר תַּעֲזֹב אֹתָם
אֲנִי יהוה אֱלֹהֵיכֶם

And you shall not glean your vineyard,
neither shall you gather the fallen fruit of your vineyard;
*you shall leave * them for the poor and for the stranger:*
I am YHVH your God.

(11)

לֹא תִּגְנֹבוּ
וְלֹא-תְכַחֲשׁוּ וְלֹא-תְשַׁקְּרוּ
אִישׁ בַּעֲמִיתוֹ

You shall not steal;
neither shall you deal falsely,
nor lie one to another.

(12)

וְלֹא-תִשָּׁבְעוּ בִשְׁמִי לַשָּׁקֶר
וְחִלַּלְתָּ אֶת-שֵׁם אֱלֹהֶיךָ
אֲנִי יהוה

And you shall not swear by My name falsely,
*so that you profane * the name of your God:*
I am YHVH.

(13)

לֹא-תַעֲשֹׁק אֶת-רֵעֲךָ וְלֹא תִגְזֹל
לֹא-תָלִין פְּעֻלַּת שָׂכִיר
אִתְּךָ עַד-בֹּקֶר

*You shall not oppress * your neighbor, nor rob him;*
the wages of a hired servant shall not abide
*with * you until the morning.*

Level Three

וַיִּקְרָא ~ יט

(14)

לֹא־תְקַלֵּל חֵרֵשׁ

וְלִפְנֵי עִוֵּר לֹא תִתֵּן מִכְשֹׁל

וְיָרֵאתָ מֵּאֱלֹהֶיךָ אֲנִי יהוה

You shall not curse the deaf,

nor put a stumbling-block before the blind,

but you shall fear your God: I am YHVH.

(15)

לֹא־תַעֲשׂוּ עָוֶל בַּמִּשְׁפָּט

לֹא־תִשָּׂא פְנֵי־דָל

וְלֹא תֶהְדַּר פְּנֵי גָדוֹל

בְּצֶדֶק תִּשְׁפֹּט עֲמִיתֶךָ

You shall do no unrighteousness in judgment;

you shall not respect the person of the poor,

nor favor the person of the mighty;

but in righteousness shall you judge your neighbor.

(16)

לֹא־תֵלֵךְ רָכִיל בְּעַמֶּיךָ

לֹא תַעֲמֹד עַל־דַּם רֵעֶךָ

אֲנִי יהוה

You shall not go up and down as a talebearer among your people;

neither shall you stand idly by the blood of your neighbor:

I am YHVH.

(17)

לֹא-תִשְׂנָא אֶת-אָחִיךָ בִּלְבָבֶךָ
הוֹכֵחַ תּוֹכִיחַ אֶת-עֲמִיתֶךָ
וְלֹא-תִשָּׂא עָלָיו חֵטְא

*You shall not hate * your brother in your heart;*
*you shall surely rebuke * your neighbor,*
and not bear sin because of him.

(18)

לֹא-תִקֹּם
וְלֹא-תִטֹּר אֶת-בְּנֵי עַמֶּךָ
וְאָהַבְתָּ לְרֵעֲךָ כָּמוֹךָ
אֲנִי יהוה

You shall not take vengeance,
*nor bear any grudge against * the children of your people,*
but you shall love your neighbor as yourself:
I am YHVH.

Mixture

(19)

אֶת-חֻקֹּתַי תִּשְׁמֹרוּ
בְּהֶמְתְּךָ לֹא-תַרְבִּיעַ כִּלְאַיִם
שָׂדְךָ לֹא-תִזְרַע כִּלְאָיִם
וּבֶגֶד כִּלְאַיִם שַׁעַטְנֵז
לֹא יַעֲלֶה עָלֶיךָ

Level Three

וַיִּקְרָא ~ יט

You shall keep * My statutes.

You shall not let your cattle gender with a diverse kind;

you shall not sow your field with two kinds of seed;

and a garment of two kinds of linsey-woolsey

shall not come upon you.

Designated Maidservant

(20)

וְאִישׁ כִּי־יִשְׁכַּב אֶת־אִשָּׁה שִׁכְבַת־זֶרַע

וְהִוא שִׁפְחָה נֶחֱרֶפֶת לְאִישׁ

וְהָפְדֵּה לֹא נִפְדָּתָה אוֹ חֻפְשָׁה לֹא נִתַּן־לָהּ

בִּקֹּרֶת תִּהְיֶה

לֹא יוּמְתוּ כִּי־לֹא חֻפָּשָׁה

And whosoever lies carnally with a woman,

that is a bondmaid, designated for a man,

and not at all redeemed, nor was freedom given her;

there shall be inquisition;

they shall not be put to death, because she was not free.

(21)

וְהֵבִיא אֶת־אֲשָׁמוֹ לַיהוה

אֶל־פֶּתַח אֹהֶל מוֹעֵד אֵיל אָשָׁם

And he shall bring * his guilt-offering to YHVH,

to the door of the tent of meeting, a ram for a guilt-offering.

(22)

201

וְכִפֶּר עָלָיו הַכֹּהֵן
בְּאֵיל הָאָשָׁם לִפְנֵי יהוה
עַל־חַטָּאתוֹ אֲשֶׁר חָטָא
וְנִסְלַח לוֹ מֵחַטָּאתוֹ אֲשֶׁר חָטָא

And the priest shall make atonement for him
with the ram of the guilt-offering before YHVH
for his sin which he has sinned;
and he shall be forgiven for his sin which he has sinned.

Fruit Trees

(23)

וְכִי־תָבֹאוּ אֶל־הָאָרֶץ
וּנְטַעְתֶּם כָּל־עֵץ מַאֲכָל
וַעֲרַלְתֶּם עָרְלָתוֹ, אֶת־פִּרְיוֹ
שָׁלֹשׁ שָׁנִים יִהְיֶה לָכֶם עֲרֵלִים
לֹא יֵאָכֵל

And when you shall come into the land,
and shall have planted all manner of trees for food,
then you shall count * the fruit thereof as uncircumised;
three years shall it be as uncircumcised to you;
it shall not be eaten.

Level Three

וַיִּקְרָא ~ יט

(24)

וּבַשָּׁנָה, הָרְבִיעִת יִהְיֶה כָּל־פִּרְיוֹ
קֹדֶשׁ הִלּוּלִים לַיהוה

*And in the fourth year all the fruit thereof
shall be holy, for giving praise to YHVH.*

(25)

וּבַשָּׁנָה הַחֲמִישִׁת תֹּאכְלוּ אֶת־פִּרְיוֹ
לְהוֹסִיף לָכֶם תְּבוּאָתוֹ
אֲנִי יהוה אֱלֹהֵיכֶם

*And in the fifth year may you eat of * the fruit thereof,
that it may yield to you more richly the increase thereof:
I am YHVH your God.*

(26)

לֹא תֹאכְלוּ עַל־הַדָּם
לֹא תְנַחֲשׁוּ וְלֹא תְעוֹנֵנוּ

*You shall not eat with the blood;
neither shall you practice divination nor soothsaying.*

(27)

לֹא תַקִּפוּ פְּאַת רֹאשְׁכֶם
וְלֹא תַשְׁחִית אֵת פְּאַת זְקָנֶךָ

*You shall not round the corners of your heads,
neither shall you mar the corners of your beard.*

Leviticus ~ 19

(28)

וְשֶׂרֶט לָנֶפֶשׁ לֹא תִתְּנוּ בִּבְשַׂרְכֶם
וּכְתֹבֶת קַעֲקַע לֹא תִתְּנוּ בָּכֶם
אֲנִי יהוה

You shall not make any cuttings in your flesh for the soul,
nor imprint any marks upon you:
I am YHVH.

(29)

אַל-תְּחַלֵּל אֶת-בִּתְּךָ לְהַזְנוֹתָהּ
וְלֹא-תִזְנֶה הָאָרֶץ
וּמָלְאָה הָאָרֶץ זִמָּה

*Profane not * your daughter, to make her a harlot,*
lest the land fall into harlotry,
and the land become full of lewdness.

(30)

אֶת-שַׁבְּתֹתַי תִּשְׁמֹרוּ, וּמִקְדָּשִׁי תִּירָאוּ
אֲנִי יהוה

You shall keep My sabbaths, and reverence My sanctuary:
I am YHVH.

(31)

אַל-תִּפְנוּ אֶל-הָאֹבֹת וְאֶל-הַיִּדְּעֹנִים
אַל-תְּבַקְשׁוּ לְטָמְאָה בָהֶם
אֲנִי יהוה אֱלֹהֵיכֶם

Level Three

וַיִּקְרָא ~ יט

Turn you not to the mediums, nor to wizards;

seek them not out, to be defiled by them:

I am YHVH your God.

(32)

מִפְּנֵי שֵׂיבָה תָּקוּם

וְהָדַרְתָּ פְּנֵי זָקֵן

וְיָרֵאתָ מֵאֱלֹהֶיךָ

אֲנִי יהוה

You shall rise up before the hoary head,

and honor the face of the old man,

and you shall fear your God:

I am YHVH.

(33)

וְכִי־יָגוּר אִתְּךָ גֵּר בְּאַרְצְכֶם

לֹא תוֹנוּ אֹתוֹ

*And if a stranger sojourn with * you in your land,*

*you shall not do * him wrong.*

(34)

כְּאֶזְרָח מִכֶּם יִהְיֶה לָכֶם

הַגֵּר הַגָּר אִתְּכֶם

וְאָהַבְתָּ לוֹ כָּמוֹךָ

As a native from you he shall be to you,

*the stranger that sojourns with * you*

and you shall love him as yourself;

205

Leviticus ~ 19

כִּי־גֵרִים הֱיִיתֶם בְּאֶרֶץ מִצְרָיִם
אֲנִי יהוה אֱלֹהֵיכֶם

for you were strangers in the land of Egypt:
I am YHVH your God.

Weights And Measures

(35)

לֹא־תַעֲשׂוּ עָוֶל בַּמִּשְׁפָּט
בַּמִּדָּה
בַּמִּשְׁקָל
וּבַמְּשׂוּרָה

You shall do no unrighteousness in judgment,
in meteyard,
in weight,
or in measure.

(36)

מֹאזְנֵי צֶדֶק אַבְנֵי־צֶדֶק
אֵיפַת צֶדֶק וְהִין צֶדֶק יִהְיֶה לָכֶם
אֲנִי יהוה אֱלֹהֵיכֶם
אֲשֶׁר־הוֹצֵאתִי אֶתְכֶם מֵאֶרֶץ מִצְרָיִם

Level Three

וַיִּקְרָא ~ יט

Just balances, just weights,

a just ephah, and a just hin, shall you have:

I am YHVH your God,

who brought * you out of the land of Egypt.

(37)

וּשְׁמַרְתֶּם אֶת־כָּל־חֻקֹּתַי

וְאֶת־כָּל־מִשְׁפָּטַי וַעֲשִׂיתֶם אֹתָם

אֲנִי יהוה

And you shall observe * all My statutes,

and * all My ordinances, and do * them:

I am YHVH.

Chapter Twenty

Punishments And Penalties

(1) וַיְדַבֵּר יהוה אֶל-מֹשֶׁה לֵּאמֹר (And YHVH spoke to Moses saying):

(2)
וְאֶל-בְּנֵי יִשְׂרָאֵל תֹּאמַר
אִישׁ אִישׁ מִבְּנֵי יִשְׂרָאֵל
וּמִן-הַגֵּר הַגָּר בְּיִשְׂרָאֵל
אֲשֶׁר יִתֵּן מִזַּרְעוֹ לַמֹּלֶךְ
מוֹת יוּמָת
עַם הָאָרֶץ יִרְגְּמֻהוּ בָאָבֶן

Moreover, you shall say to the children of Israel:
Whosoever he be of the children of Israel,
or of the strangers that sojourn in Israel,
that giveth of his seed to Molech;
he shall surely be put to death;
the people of the land shall stone him with stones.

(3)
וַאֲנִי אֶתֵּן אֶת-פָּנַי בָּאִישׁ הַהוּא
וְהִכְרַתִּי אֹתוֹ מִקֶּרֶב עַמּוֹ
כִּי מִזַּרְעוֹ נָתַן לַמֹּלֶךְ
לְמַעַן טַמֵּא אֶת-מִקְדָּשִׁי
וּלְחַלֵּל אֶת-שֵׁם קָדְשִׁי

Level Three ~ וַיִּקְרָא ~ כ

I also will set * My face against that man,

and will cut * him off from among his people,

because he has given of his seed to Molech,

to defile * My sanctuary,

and to profane * My holy name.

(4)

וְאִם הַעְלֵם יַעְלִימוּ עַם הָאָרֶץ

אֶת-עֵינֵיהֶם מִן-הָאִישׁ הַהוּא

בְּתִתּוֹ מִזַּרְעוֹ לַמֹּלֶךְ

לְבִלְתִּי הָמִית אֹתוֹ

And if the people of the land do at all hide

* their eyes from that man,

when he gives of his seed to Molech,

and put him not to death;

(5)

וְשַׂמְתִּי אֲנִי אֶת-פָּנַי בָּאִישׁ הַהוּא

וּבְמִשְׁפַּחְתּוֹ וְהִכְרַתִּי אֹתוֹ

וְאֵת כָּל-הַזֹּנִים אַחֲרָיו

לִזְנוֹת אַחֲרֵי הַמֹּלֶךְ מִקֶּרֶב עַמָּם

then I will set * My face against that man,

and against his family, and will cut * him off,

and * all that go astray after him,

to go astray after Molech, from among their people.

209

Leviticus ~ 20

(6)

וְהַנֶּפֶשׁ אֲשֶׁר תִּפְנֶה
אֶל־הָאֹבֹת וְאֶל־הַיִּדְּעֹנִים
לִזְנֹת אַחֲרֵיהֶם

And the soul that turns to the mediums,
and to the wizards,
to go astray after them,

וְנָתַתִּי אֶת־פָּנַי בַּנֶּפֶשׁ הַהִוא
וְהִכְרַתִּי אֹתוֹ מִקֶּרֶב עַמּוֹ

*I will even set * My face against that soul,*
*and will cut * him off from among his people.*

(7)

וְהִתְקַדִּשְׁתֶּם
וִהְיִיתֶם קְדֹשִׁים
כִּי אֲנִי יהוה אֱלֹהֵיכֶם

Sanctify yourselves therefore,
and you shall be holy;
for I am YHVH your God.

(8)

וּשְׁמַרְתֶּם אֶת־חֻקֹּתַי וַעֲשִׂיתֶם אֹתָם
אֲנִי יהוה מְקַדִּשְׁכֶם

*And keep you * My statutes, and do * them:*
I am YHVH who sanctify you.

Level Three

וַיִּקְרָא ~ כ

(9)

כִּי־אִישׁ אִישׁ אֲשֶׁר יְקַלֵּל אֶת־אָבִיו

וְאֶת־אִמּוֹ מוֹת יוּמָת

אָבִיו וְאִמּוֹ קִלֵּל

דָּמָיו בּוֹ

For whatsoever man there be that curses * his father

and * his mother shall surely be put to death;

he has cursed his father or his mother;

his blood shall be upon him.

(10)

וְאִישׁ אֲשֶׁר יִנְאַף אֶת־אֵשֶׁת אִישׁ

אֲשֶׁר יִנְאַף אֶת־אֵשֶׁת רֵעֵהוּ

מוֹת־יוּמַת הַנֹּאֵף וְהַנֹּאָפֶת

And the man that commits adultery with * a wife of a man,

even he that commits adultery with * the wife of his neighbor,

both the adulterer and the adulteress shall surely be put to death.

(11)

וְאִישׁ, אֲשֶׁר יִשְׁכַּב אֶת־אֵשֶׁת אָבִיו

עֶרְוַת אָבִיו גִּלָּה

מוֹת־יוּמְתוּ שְׁנֵיהֶם דְּמֵיהֶם בָּם

And the man that lies with * the wife of his father

he has uncovered his father's nakedness

both of them shall surely be put to death; their blood shall be upon them.

(12)

וְאִישׁ, אֲשֶׁר יִשְׁכַּב אֶת-כַּלָּתוֹ
מוֹת יוּמְתוּ שְׁנֵיהֶם
תֶּבֶל עָשׂוּ
דְּמֵיהֶם בָּם

And if a man lie with * his daughter-in-law,
both of them shall surely be put to death;
they have wrought corruption;
their blood shall be upon them.

(13)

וְאִישׁ אֲשֶׁר יִשְׁכַּב אֶת-זָכָר מִשְׁכְּבֵי אִשָּׁה
תּוֹעֵבָה עָשׂוּ שְׁנֵיהֶם
מוֹת יוּמָתוּ
דְּמֵיהֶם בָּם

And if a man lie with * mankind, as with womankind,
both of them have committed abomination:
they shall surely be put to death;
their blood shall be upon them.

(14)

וְאִישׁ אֲשֶׁר יִקַּח אֶת-אִשָּׁה וְאֶת-אִמָּהּ
זִמָּה הִוא
בָּאֵשׁ יִשְׂרְפוּ אֹתוֹ וְאֶתְהֶן
וְלֹא-תִהְיֶה זִמָּה בְּתוֹכְכֶם

Level Three ~ וַיִּקְרָא ~ כ

And if a man take with * his wife also * her mother,
it is wickedness:
they shall be burnt with fire, both * he and * them;
that there be no wickedness among you.

(15)

וְאִישׁ אֲשֶׁר יִתֵּן שְׁכָבְתּוֹ בִּבְהֵמָה

מוֹת יוּמָת

וְאֶת־הַבְּהֵמָה תַּהֲרֹגוּ

And if a man lie with a beast,
he shall surely be put to death;
and you shall slay * the beast.

(16)

וְאִשָּׁה אֲשֶׁר תִּקְרַב אֶל־כָּל־בְּהֵמָה

לְרִבְעָה אֹתָהּ

וְהָרַגְתָּ אֶת־הָאִשָּׁה וְאֶת־הַבְּהֵמָה

And if a woman approach to any beast,
to copulate with * her,
you shall kill * the woman, and * the beast:

מוֹת יוּמָתוּ

דְּמֵיהֶם בָּם

they shall surely be put to death;
their blood shall be upon them.

(17)

וְאִישׁ אֲשֶׁר־יִקַּח אֶת־אֲחֹתוֹ
בַּת־אָבִיו אוֹ בַת־אִמּוֹ
וְרָאָה אֶת־עֶרְוָתָהּ וְהִיא־תִרְאֶה אֶת־עֶרְוָתוֹ

And if a man shall take * his sister,
his father's daughter, or his mother's daughter,
and see * her nakedness, and she see * his nakedness:

חֶסֶד הוּא וְנִכְרְתוּ
לְעֵינֵי בְּנֵי עַמָּם
עֶרְוַת אֲחֹתוֹ גִּלָּה
עֲוֹנוֹ יִשָּׂא

it is a shameful thing; and they shall be cut off
in the sight of the children of their people:
he has uncovered his sister's nakedness;
he shall bear his iniquity.

(18)

וְאִישׁ אֲשֶׁר־יִשְׁכַּב אֶת־אִשָּׁה דָּוָה
וְגִלָּה אֶת־עֶרְוָתָהּ
אֶת־מְקֹרָהּ הֶעֱרָה

And if a man shall lie with * a woman having her sickness,
and shall uncover * her nakedness
he has made naked * her fountain,

Level Three

וַיִּקְרָא ~ כ

וְהִוא גִּלְּתָה אֶת־מְקוֹר דָּמֶיהָ
וְנִכְרְתוּ שְׁנֵיהֶם מִקֶּרֶב עַמָּם

and she has uncovered * the fountain of her blood
both of them shall be cut off from among their people.

(19)

וְעֶרְוַת אֲחוֹת אִמְּךָ
וַאֲחוֹת אָבִיךָ לֹא תְגַלֵּה
כִּי אֶת־שְׁאֵרוֹ הֶעֱרָה
עֲוֺנָם יִשָּׂאוּ

And the nakedness of your mother's sister,
nor of your father's sister you shall not uncover,
for he has made naked his near * kin;
they shall bear their iniquity.

(20)

וְאִישׁ אֲשֶׁר יִשְׁכַּב אֶת־דֹּדָתוֹ
עֶרְוַת דֹּדוֹ גִּלָּה
חֶטְאָם יִשָּׂאוּ עֲרִירִים יָמֻתוּ

And if a man shall lie with * his aunt,
he has uncovered his uncle's nakedness,
they shall bear their sin; they shall die childless.

(21)

וְאִישׁ אֲשֶׁר יִקַּח אֶת־אֵשֶׁת אָחִיו

And if a man shall take * the wife of his brother,

נִדָּה הִוא

עֶרְוַת אָחִיו גִּלָּה

עֲרִירִים יִהְיוּ

it is impurity:

he has uncovered his brother's nakedness;

they shall be childless.

(22)

וּשְׁמַרְתֶּם אֶת־כָּל־חֻקֹּתַי

וְאֶת־כָּל־מִשְׁפָּטַי וַעֲשִׂיתֶם אֹתָם

וְלֹא־תָקִיא אֶתְכֶם הָאָרֶץ

אֲשֶׁר אֲנִי מֵבִיא אֶתְכֶם שָׁמָּה לָשֶׁבֶת בָּהּ

You shall therefore keep * all My statutes,

and * all My ordinances, and do * them,

that the land vomit * you not out,

where I bring * you to dwell therein.

(23)

וְלֹא תֵלְכוּ בְּחֻקֹּת הַגּוֹי

אֲשֶׁר־אֲנִי מְשַׁלֵּחַ מִפְּנֵיכֶם

כִּי אֶת־כָּל־אֵלֶּה עָשׂוּ וָאָקֻץ בָּם

And you shall not walk in the customs of the nation,

which I am casting out before you;

for they did * all these things,

and I abhorred them.

Level Three

וַיִּקְרָא ~ כ

(24)

וָאֹמַר לָכֶם אַתֶּם תִּירְשׁוּ אֶת־אַדְמָתָם

וַאֲנִי אֶתְּנֶנָּה לָכֶם לָרֶשֶׁת אֹתָהּ

אֶרֶץ זָבַת חָלָב וּדְבָשׁ

אֲנִי יהוה אֱלֹהֵיכֶם

אֲשֶׁר־הִבְדַּלְתִּי אֶתְכֶם מִן־הָעַמִּים

But I have said to you: * You shall inherit * their land,

and I will give it to you to possess * it,

a land flowing with milk and honey.

I am YHVH your God,

who have set you apart from the peoples.

(25)

וְהִבְדַּלְתֶּם בֵּין־הַבְּהֵמָה הַטְּהֹרָה לַטְּמֵאָה

וּבֵין־הָעוֹף הַטָּמֵא לַטָּהֹר

וְלֹא־תְשַׁקְּצוּ אֶת־נַפְשֹׁתֵיכֶם בַּבְּהֵמָה

וּבָעוֹף וּבְכֹל אֲשֶׁר תִּרְמֹשׂ הָאֲדָמָה

אֲשֶׁר־הִבְדַּלְתִּי לָכֶם לְטַמֵּא

You shall therefore separate between the clean beast and the unclean,

and between the unclean fowl and the clean;

and you shall not make * your souls detestable by beast,

or by fowl, or by any thing wherewith the ground teems,

which I have set apart for you to hold unclean.

Leviticus ~ 20

(26)

וִהְיִיתֶם לִי קְדֹשִׁים
כִּי קָדוֹשׁ אֲנִי יהוה
וָאַבְדִּל אֶתְכֶם מִן־הָעַמִּים
לִהְיוֹת לִי

And you shall be holy to Me;
for I YHVH am holy,
and have set * you apart from the peoples,
that you should be Mine.

(27)

וְאִישׁ אוֹ־אִשָּׁה
כִּי־יִהְיֶה בָהֶם אוֹב אוֹ יִדְּעֹנִי
מוֹת יוּמָתוּ
בָּאֶבֶן יִרְגְּמוּ אֹתָם
דְּמֵיהֶם בָּם

A man also or a woman
that divines by a medium or a wizard
shall surely be put to death;
they shall stone * them with stones;
their blood shall be upon them.

Chapter Twenty-One

Laws Of The Priest

(1) And YHVH said to Moses:

> אֱמֹר אֶל־הַכֹּהֲנִים בְּנֵי אַהֲרֹן וְאָמַרְתָּ אֲלֵהֶם
> לְנֶפֶשׁ לֹא־יִטַּמָּא בְּעַמָּיו

Speak to the priests the sons of Aaron, and say to them:
There shall none defile himself for the dead among his people;

(2)

> כִּי אִם־לִשְׁאֵרוֹ הַקָּרֹב אֵלָיו
> לְאִמּוֹ וּלְאָבִיו
> וְלִבְנוֹ וּלְבִתּוֹ וּלְאָחִיו

except for his kin, that is near to him,
for his mother, and for his father,
and for his son, and for his daughter, and for his brother;

(3)

> וְלַאֲחֹתוֹ הַבְּתוּלָה הַקְּרוֹבָה אֵלָיו
> אֲשֶׁר לֹא־הָיְתָה לְאִישׁ
> לָהּ יִטַּמָּא

and for his sister a virgin, that is near to him,
that has had no husband,
for her may he defile himself.

(4)

לֹא יִטַּמָּא
בַּעַל בְּעַמָּיו
לְהֵחַלּוֹ

He shall not defile himself,
being a chief man among his people,
to profane himself.

(5)

לֹא-יִקְרְחוּ קָרְחָה בְּרֹאשָׁם
וּפְאַת זְקָנָם לֹא יְגַלֵּחוּ
וּבִבְשָׂרָם לֹא יִשְׂרְטוּ שָׂרָטֶת

They shall not make baldness upon their head,
neither shall they shave off the corners of their beard,
nor make any cuttings in their flesh.

(6)

קְדֹשִׁים יִהְיוּ לֵאלֹהֵיהֶם
וְלֹא יְחַלְּלוּ שֵׁם אֱלֹהֵיהֶם
כִּי אֶת-אִשֵּׁי יהוה

They shall be holy to their God,
and not profane the name of their God;
*for * the fire offerings of YHVH,*

לֶחֶם אֱלֹהֵיהֶם הֵם מַקְרִיבִם
וְהָיוּ קֹדֶשׁ

Level Three

וַיִּקְרָא ~ כא

the bread of their God, they offer;
therefore they shall be holy.

(7)

אִשָּׁה זֹנָה וַחֲלָלָה לֹא יִקָּחוּ
וְאִשָּׁה גְּרוּשָׁה מֵאִישָׁהּ לֹא יִקָּחוּ
כִּי־קָדֹשׁ הוּא לֵאלֹהָיו

They shall not take a woman that is a harlot, or profaned;
neither shall they take a woman put away from her husband;
for he is holy to his God.

(8)

וְקִדַּשְׁתּוֹ כִּי־אֶת־לֶחֶם
אֱלֹהֶיךָ הוּא מַקְרִיב
קָדֹשׁ יִהְיֶה־לָּךְ
כִּי קָדוֹשׁ אֲנִי יהוה מְקַדִּשְׁכֶם

You shall sanctify him therefore;
for * the bread of
your God he offers
he shall be holy to you;
for I YHVH, who sanctify you, am holy.

(9)

וּבַת אִישׁ כֹּהֵן
כִּי תֵחֵל לִזְנוֹת

And the daughter of a man that is priest,
if she profane herself by playing the harlot,

אֶת־אָבִיהָ הִיא מְחַלֶּלֶת
בָּאֵשׁ תִּשָּׂרֵף

she profanes * her father:
she shall be burnt with fire.

(10)

וְהַכֹּהֵן הַגָּדוֹל מֵאֶחָיו
אֲשֶׁר־יוּצַק עַל־רֹאשׁוֹ שֶׁמֶן הַמִּשְׁחָה
וּמִלֵּא אֶת־יָדוֹ לִלְבֹּשׁ אֶת־הַבְּגָדִים
אֶת־רֹאשׁוֹ לֹא יִפְרָע
וּבְגָדָיו לֹא יִפְרֹם

And the priest that is highest among his brethren,
upon whose head the oil of the anointing is poured,
and he filled * the hand of him to put on * the garments,
shall not let * the hair of his head go loose,
nor rend his clothes;

(11)

וְעַל כָּל־נַפְשֹׁת מֵת לֹא יָבֹא
לְאָבִיו וּלְאִמּוֹ לֹא יִטַּמָּא

neither shall he go in to any dead body,
nor defile himself for his father, or for his mother;

(12)

וּמִן־הַמִּקְדָּשׁ לֹא יֵצֵא
וְלֹא יְחַלֵּל אֵת מִקְדַּשׁ אֱלֹהָיו

Level Three

וַיִּקְרָא ~ כא

neither shall he go out of the sanctuary,

*nor profane * the sanctuary of his God;*

כִּי נֵזֶר שֶׁמֶן מִשְׁחַת אֱלֹהָיו עָלָיו

אֲנִי יהוה

for the consecration of the oil of the anointing of his God is upon him:

I am YHVH.

(13)

וְהוּא אִשָּׁה בִבְתוּלֶיהָ יִקָּח

And he shall take a wife in her virginity.

(14)

אַלְמָנָה וּגְרוּשָׁה

וַחֲלָלָה זֹנָה

אֶת־אֵלֶּה לֹא יִקָּח

כִּי אִם־בְּתוּלָה מֵעַמָּיו יִקַּח אִשָּׁה

A widow, or one divorced,

or a profaned woman, or a harlot,

* these shall he not take;

but a virgin of his own people shall he take to wife.

(15)

וְלֹא־יְחַלֵּל זַרְעוֹ בְּעַמָּיו

כִּי אֲנִי יהוה מְקַדְּשׁוֹ

And he shall not profane his seed among his people;

for I am YHVH who sanctify him.

Leviticus ~ 21

(16) וַיְדַבֵּר יהוה אֶל־מֹשֶׁה לֵּאמֹר (And YHVH spoke to Moses saying):

(17)
דַּבֵּר אֶל־אַהֲרֹן לֵאמֹר
אִישׁ מִזַּרְעֲךָ לְדֹרֹתָם

Speak to Aaron, saying:
A man from your seed throughout their generations

אֲשֶׁר יִהְיֶה בוֹ מוּם
לֹא יִקְרַב
לְהַקְרִיב לֶחֶם אֱלֹהָיו

that has a blemish,
let him not approach
to offer the bread of his God.

(18)
כִּי כָל־אִישׁ אֲשֶׁר־בּוֹ מוּם
לֹא יִקְרָב

For whatsoever man he be that has a blemish,
he shall not approach:

אִישׁ עִוֵּר אוֹ פִסֵּחַ
אוֹ חָרֻם אוֹ שָׂרוּעַ

a blind man, or a lame,
or disfigured or deformed,

224

(19)

אוֹ אִישׁ אֲשֶׁר-יִהְיֶה בוֹ שֶׁבֶר רָגֶל

אוֹ שֶׁבֶר יָד

or a man that is broken-footed,

or broken-handed,

(20)

אוֹ-גִבֵּן אוֹ-דַק

אוֹ תְּבַלֻּל בְּעֵינוֹ אוֹ גָרָב

אוֹ יַלֶּפֶת אוֹ מְרוֹחַ אָשֶׁךְ

or crook-backed, or a dwarf,

or that has his eye overspread, or is scabbed,

or scurvy, or has his stones crushed;

(21)

כָּל-אִישׁ אֲשֶׁר-בּוֹ מוּם

מִזֶּרַע אַהֲרֹן הַכֹּהֵן

לֹא יִגַּשׁ, לְהַקְרִיב אֶת-אִשֵּׁי יהוה

מוּם בּוֹ

אֵת לֶחֶם אֱלֹהָיו לֹא יִגַּשׁ לְהַקְרִיב

no man that has a blemish,

of the seed of Aaron the priest,

shall come nigh to offer the fire offerings of YHVH;*

he has a blemish;

** the bread of his God, he shall not come nigh to offer .*

(22)

לֶחֶם אֱלֹהָיו מִקָּדְשֵׁי הַקֳּדָשִׁים
וּמִן-הַקֳּדָשִׁים יֹאכֵל

The bread of his God, from the holy of holies
and from the holinessess, he shall eat.

(23)

אַךְ אֶל-הַפָּרֹכֶת לֹא יָבֹא
וְאֶל-הַמִּזְבֵּחַ לֹא יִגַּשׁ
כִּי-מוּם בּוֹ
וְלֹא יְחַלֵּל אֶת-מִקְדָּשַׁי, כִּי אֲנִי יהוה מְקַדְּשָׁם

Only he shall not go in to the veil,
nor come nigh to the altar,
because he has a blemish;
*that he profane not * My holy places;*
for I am YHVH who sanctify them.

(24) וַיְדַבֵּר מֹשֶׁה אֶל-אַהֲרֹן וְאֶל-בָּנָיו וְאֶל-כָּל-בְּנֵי יִשְׂרָאֵל
(So Moses spoke to Aaron, and to his sons, and to all the children of Israel.)

Chapter Twenty-Two

Keeping The Holy Separate

(1) וַיְדַבֵּר יהוה אֶל־מֹשֶׁה לֵּאמֹר (*And YHVH spoke to Moses saying*):

(2)

דַּבֵּר אֶל־אַהֲרֹן וְאֶל־בָּנָיו וְיִנָּזְרוּ

מִקָּדְשֵׁי בְנֵי־יִשְׂרָאֵל

וְלֹא יְחַלְּלוּ אֶת־שֵׁם קָדְשִׁי

אֲשֶׁר הֵם מַקְדִּשִׁים לִי

אֲנִי יהוה

Speak to Aaron and to his sons, that they separate themselves

from the holy things of the children of Israel,

and that they profane not My holy * name:

which they hallow to Me,

I am YHVH.

(3)

אֱמֹר אֲלֵהֶם לְדֹרֹתֵיכֶם

כָּל־אִישׁ אֲשֶׁר־יִקְרַב מִכָּל־זַרְעֲכֶם

אֶל־הַקֳּדָשִׁים

Say to them: throughout your generations,

any man that approaches from any of your seed

to the holy things,

אֲשֶׁר יַקְדִּישׁוּ בְנֵי-יִשְׂרָאֵל לַיהוה
וְטֻמְאָתוֹ עָלָיו
וְנִכְרְתָה הַנֶּפֶשׁ הַהִוא מִלְּפָנַי
אֲנִי יהוה

which the children of Israel hallow to YHVH,
and having his uncleanness upon him,
that soul shall be cut off from before Me:
I am YHVH.

(4)

אִישׁ אִישׁ מִזֶּרַע אַהֲרֹן
וְהוּא צָרוּעַ אוֹ זָב
בַּקֳּדָשִׁים לֹא יֹאכַל

What man soever of the seed of Aaron
and he is a leper or discharging
he shall not eat of the holy things,

עַד אֲשֶׁר יִטְהָר
וְהַנֹּגֵעַ בְּכָל-טְמֵא-נֶפֶשׁ
אוֹ אִישׁ אֲשֶׁר-תֵּצֵא מִמֶּנּוּ שִׁכְבַת-זָרַע

until he is clean.
And whoso touches any unclean soul;
or a man who from who is coming forth the emission of seed;

Level Three

וַיִּקְרָא ~ כב

(5)

אוֹ-אִישׁ אֲשֶׁר יִגַּע בְּכָל-שֶׁרֶץ

אֲשֶׁר יִטְמָא-לוֹ

אוֹ בְאָדָם אֲשֶׁר יִטְמָא-לוֹ

לְכֹל טֻמְאָתוֹ

or whosoever touches any swarming thing,

whereby he may be made unclean,

or a man of whom he may take uncleanness,

whatsoever uncleanness he has;

(6)

נֶפֶשׁ אֲשֶׁר תִּגַּע-בּוֹ

וְטָמְאָה עַד-הָעָרֶב

וְלֹא יֹאכַל מִן-הַקֳּדָשִׁים

כִּי אִם-רָחַץ בְּשָׂרוֹ בַּמָּיִם

the soul that touches any such

shall be unclean until the even,

and shall not eat of the holy things,

unless he bathe his flesh in water.

(7)

וּבָא הַשֶּׁמֶשׁ וְטָהֵר

וְאַחַר יֹאכַל מִן-הַקֳּדָשִׁים, כִּי לַחְמוֹ הוּא

And when the sun is down, he shall be clean;

and afterward he may eat of the holy things, because it is his bread.

(8)

נְבֵלָה וּטְרֵפָה
לֹא יֹאכַל לְטָמְאָה־בָהּ
אֲנִי יהוה

That which dies of itself, or is torn of beasts,
he shall not eat to defile himself therewith:
I am YHVH.

(9)

וְשָׁמְרוּ אֶת־מִשְׁמַרְתִּי
וְלֹא־יִשְׂאוּ עָלָיו חֵטְא
וּמֵתוּ בוֹ כִּי יְחַלְּלֻהוּ
אֲנִי יהוה מְקַדְּשָׁם

*They shall therefore keep * My charge,*
lest they bear sin for it,
and die therein, if they profane it:
I am YHVH who sanctify them.

(10)

וְכָל־זָר לֹא־יֹאכַל קֹדֶשׁ
תּוֹשַׁב כֹּהֵן וְשָׂכִיר
לֹא־יֹאכַל קֹדֶשׁ

There shall no common man eat of the holy thing;
a tenant of a priest, or a hired servant,
shall not eat of the holy thing.

Level Three — וַיִּקְרָא ~ כב

(11)

וְכֹהֵן כִּי־יִקְנֶה נֶפֶשׁ
קִנְיַן כַּסְפּוֹ
הוּא יֹאכַל בּוֹ
וִילִיד בֵּיתוֹ
הֵם יֹאכְלוּ בְלַחְמוֹ

But if a priest buy any soul,

the purchase of his money,

he may eat of it;

and such as are born in his house,

they may eat of his bread.

(12)

וּבַת־כֹּהֵן כִּי תִהְיֶה לְאִישׁ זָר הִוא
בִּתְרוּמַת הַקֳּדָשִׁים
לֹא תֹאכֵל

And if a priest's daughter be married to a common man,

of that which is set apart from the holy things,

she shall not eat.

(13)

וּבַת־כֹּהֵן כִּי תִהְיֶה אַלְמָנָה
וּגְרוּשָׁה וְזֶרַע אֵין לָהּ

But if a priest's daughter be a widow,

or divorced, and have no child,

וְשָׁבָה אֶל־בֵּית אָבִיהָ כִּנְעוּרֶיהָ
מִלֶּחֶם אָבִיהָ תֹּאכֵל
וְכָל־זָר לֹא־יֹאכַל בּוֹ

and is returned to her father's house, as in her youth,

she may eat of her father's bread;

but there shall no common man eat thereof.

(14)

וְאִישׁ כִּי־יֹאכַל קֹדֶשׁ בִּשְׁגָגָה
וְיָסַף חֲמִשִׁיתוֹ עָלָיו
וְנָתַן לַכֹּהֵן אֶת־הַקֹּדֶשׁ

And if a man eat of the holy thing through error,

then he shall put the fifth part thereof to it,

and shall give to the priest the holy thing.

(15)

וְלֹא יְחַלְּלוּ אֶת־קָדְשֵׁי בְּנֵי יִשְׂרָאֵל
אֵת אֲשֶׁר־יָרִימוּ לַיהוה

And they shall not profane * the holy things of the children of Israel,

* which they set apart to YHVH;

(16)

וְהִשִּׂיאוּ אוֹתָם עֲוֹן אַשְׁמָה
בְּאָכְלָם אֶת־קָדְשֵׁיהֶם
כִּי אֲנִי יהוה מְקַדְּשָׁם

Level Three

    and so cause * them to bear the iniquity that brings guilt,

    when they eat * their holy things;

    for I am YHVH who sanctify them.

Blemished Animals

(17) וַיְדַבֵּר יהוה אֶל־מֹשֶׁה לֵּאמֹר (*And YHVH spoke to Moses saying*):

(18)

דַּבֵּר אֶל־אַהֲרֹן וְאֶל־בָּנָיו

וְאֶל כָּל־בְּנֵי יִשְׂרָאֵל

וְאָמַרְתָּ אֲלֵהֶם

אִישׁ אִישׁ מִבֵּית יִשְׂרָאֵל

וּמִן־הַגֵּר בְּיִשְׂרָאֵל

אֲשֶׁר יַקְרִיב קָרְבָּנוֹ לְכָל־נִדְרֵיהֶם

וּלְכָל־נִדְבוֹתָם

אֲשֶׁר־יַקְרִיבוּ לַיהוה לְעֹלָה

    Speak to Aaron, and to his sons,

    and to all the children of Israel,

    and say to them:

    Whosoever he be of the house of Israel,

    or of the strangers in Israel,

    that brings his offering, whether it be any of their vows,

    or any of their free-will-offerings,

    which are brought to YHVH for a burnt-offering;

(19)

לִרְצֹנְכֶם תָּמִים זָכָר
בַּבָּקָר בַּכְּשָׂבִים וּבָעִזִּים

that you may be accepted, you shall offer a male without blemish,
of the herd, of the sheep, or of the goats.

(20)

כֹּל אֲשֶׁר־בּוֹ מוּם לֹא תַקְרִיבוּ
כִּי־לֹא לְרָצוֹן יִהְיֶה לָכֶם

But whatsoever has a blemish, that shall you not bring;
for it shall not be acceptable for you.

(21)

וְאִישׁ כִּי־יַקְרִיב
זֶבַח־שְׁלָמִים לַיהוה
לְפַלֵּא־נֶדֶר אוֹ לִנְדָבָה
בַּבָּקָר אוֹ בַצֹּאן
תָּמִים יִהְיֶה לְרָצוֹן
כָּל־מוּם לֹא יִהְיֶה־בּוֹ

And whosoever brings
a sacrifice of peace-offerings to YHVH
in fulfillment of a vow clearly uttered, or for a freewill- offering,
of the herd or of the flock,
it shall be perfect to be accepted;
there shall be no blemish therein.

Level Three

וַיִּקְרָא ~ כב

(22)

עַוֶּרֶת אוֹ שָׁבוּר אוֹ-חָרוּץ
אוֹ-יַבֶּלֶת אוֹ גָרָב אוֹ יַלֶּפֶת
לֹא-תַקְרִיבוּ אֵלֶּה לַיהוה
וְאִשֶּׁה לֹא-תִתְּנוּ מֵהֶם
עַל-הַמִּזְבֵּחַ לַיהוה

Blind, or broken, or maimed,

or having a ulcer, or scabbed, or scurvy,

you shall not offer these to YHVH,

and a fire offering you shall not give of them

upon the altar to YHVH.

(23)

וְשׁוֹר וָשֶׂה שָׂרוּעַ וְקָלוּט
נְדָבָה תַּעֲשֶׂה אֹתוֹ
וּלְנֵדֶר לֹא יֵרָצֶה

Either a bullock or a lamb being deformed and being stunted,

*that may you offer * it for a freewill-offering;*

but for a vow it shall not be accepted.

(24)

וּמָעוּךְ וְכָתוּת
וְנָתוּק וְכָרוּת

That which has its stones bruised, or crushed,

or torn, or cut,

Leviticus ~ 22

לֹא תַקְרִיבוּ לַיהוה
וּבְאַרְצְכֶם לֹא תַעֲשׂוּ

you shall not offer to YHVH;
neither shall you do thus in your land.

(25)

וּמִיַּד בֶּן־נֵכָר
לֹא תַקְרִיבוּ אֶת־לֶחֶם אֱלֹהֵיכֶם מִכָּל־אֵלֶּה
כִּי מָשְׁחָתָם בָּהֶם מוּם בָּם
לֹא יֵרָצוּ לָכֶם

And from the hand of a son of foreigner
you shall not offer * the bread of your God of any of these,
because their corruption is in them, there is a blemish in them;
they shall not be accepted for you.

(26) וַיְדַבֵּר יהוה אֶל־מֹשֶׁה לֵּאמֹר (And YHVH spoke to Moses saying):

(27)

שׁוֹר אוֹ־כֶשֶׂב אוֹ־עֵז כִּי יִוָּלֵד
וְהָיָה שִׁבְעַת יָמִים תַּחַת אִמּוֹ
וּמִיּוֹם הַשְּׁמִינִי וָהָלְאָה
יֵרָצֶה לְקָרְבַּן אִשֶּׁה לַיהוה

When a bullock, or a sheep, or a goat, is brought forth,
then it shall be seven days under the dam;
but from the eighth day and thenceforth
it may be accepted for an offering made by fire to YHVH.

Level Three

וַיִּקְרָא ~ כב

(28)

וְשׁוֹר אוֹ־שֶׂה

אֹתוֹ וְאֶת־בְּנוֹ

לֹא תִשְׁחֲטוּ בְּיוֹם אֶחָד

And whether it be cow or ewe,

* it and his son

you shall not kill in one day.

(29)

וְכִי־תִזְבְּחוּ זֶבַח־תּוֹדָה לַיהוה

לִרְצֹנְכֶם תִּזְבָּחוּ

And when you sacrifice a sacrifice of thanksgiving to YHVH,

you shall sacrifice it that you may be accepted.

(30)

בַּיּוֹם הַהוּא יֵאָכֵל

לֹא־תוֹתִירוּ מִמֶּנּוּ עַד־בֹּקֶר

אֲנִי יהוה

On the same day it shall be eaten;

you shall leave none of it until the morning:

I am YHVH.

(31)

וּשְׁמַרְתֶּם מִצְוֹתַי וַעֲשִׂיתֶם אֹתָם

אֲנִי יהוה

And you shall keep My commandments, and do * them:

I am YHVH.

Leviticus ~ 22

(32)

וְלֹא תְחַלְּלוּ אֶת-שֵׁם קָדְשִׁי
וְנִקְדַּשְׁתִּי, בְּתוֹךְ בְּנֵי יִשְׂרָאֵל
אֲנִי יהוה מְקַדִּשְׁכֶם

And you shall not profane * My holy name;
but I will be hallowed among the children of Israel:
I am YHVH who hallow you,

(33)

הַמּוֹצִיא אֶתְכֶם מֵאֶרֶץ מִצְרַיִם
לִהְיוֹת לָכֶם לֵאלֹהִים
אֲנִי יהוה

that brought * you out of the land of Egypt,
to be your God:
I am YHVH.

Chapter Twenty-Three

Festivals

(1) וַיְדַבֵּר יהוה אֶל־מֹשֶׁה לֵּאמֹר (*And YHVH spoke to Moses saying*):

(2)
דַּבֵּר אֶל־בְּנֵי יִשְׂרָאֵל וְאָמַרְתָּ אֲלֵהֶם

מוֹעֲדֵי יהוה

אֲשֶׁר־תִּקְרְאוּ אֹתָם מִקְרָאֵי קֹדֶשׁ

אֵלֶּה הֵם מוֹעֲדָי

Speak to the children of Israel, and say to them:

The appointed seasons of YHVH,

which you shall proclaim * them to be holy convocations,

even these are My appointed seasons.

(3)
שֵׁשֶׁת יָמִים תֵּעָשֶׂה מְלָאכָה

וּבַיּוֹם הַשְּׁבִיעִי שַׁבַּת שַׁבָּתוֹן

מִקְרָא־קֹדֶשׁ

כָּל־מְלָאכָה לֹא תַעֲשׂוּ

שַׁבָּת הִוא לַיהוה בְּכֹל מוֹשְׁבֹתֵיכֶם

Six days shall work be done;

but on the seventh day is a sabbath of solemn rest,

a holy convocation;

you shall do no manner of work;

it is a sabbath to YHVH in all your dwellings.

Leviticus ~ 23

(4)

אֵלֶּה מוֹעֲדֵי יהוה

מִקְרָאֵי קֹדֶשׁ

אֲשֶׁר־תִּקְרְאוּ אֹתָם בְּמוֹעֲדָם

These are the appointed seasons of YHVH,

even holy convocations,

*which you shall proclaim * them in their appointed season.*

Feast Of Passover

(5)

בַּחֹדֶשׁ הָרִאשׁוֹן

בְּאַרְבָּעָה עָשָׂר לַחֹדֶשׁ בֵּין הָעַרְבָּיִם

פֶּסַח לַיהוה

In the first month,

on the fourteenth day of the month at dusk,

is YHVH's passover.

Feast Of Unleavened Bread

(6)

וּבַחֲמִשָּׁה עָשָׂר יוֹם לַחֹדֶשׁ הַזֶּה

חַג הַמַּצּוֹת לַיהוה

שִׁבְעַת יָמִים מַצּוֹת תֹּאכֵלוּ

Level Three

וַיִּקְרָא ~ כג

And on the fifteenth day of the same month
is the feast of unleavened bread to YHVH;
seven days you shall eat unleavened bread.

(7)

בַּיּוֹם הָרִאשׁוֹן מִקְרָא־קֹדֶשׁ יִהְיֶה לָכֶם

כָּל־מְלֶאכֶת עֲבֹדָה לֹא תַעֲשׂוּ

In the first day you a holy convocation it shall be for you;
all work of service you shall not do.

(8)

וְהִקְרַבְתֶּם אִשֶּׁה לַיהוה שִׁבְעַת יָמִים

בַּיּוֹם הַשְּׁבִיעִי מִקְרָא־קֹדֶשׁ

כָּל־מְלֶאכֶת עֲבֹדָה לֹא תַעֲשׂוּ

And you shall bring an offering made by fire to YHVH seven days;
in the seventh day is a holy convocation;
you shall do no manner of servile work.

Feast Of First-fruits

(9) And YHVH spoke to Moses saying:

(10)

דַּבֵּר אֶל־בְּנֵי יִשְׂרָאֵל וְאָמַרְתָּ אֲלֵהֶם

כִּי־תָבֹאוּ אֶל־הָאָרֶץ אֲשֶׁר אֲנִי נֹתֵן לָכֶם

Speak to the children of Israel, and say to them:
When you are come into the land which I give to you,

וּקְצַרְתֶּם אֶת־קְצִירָהּ
וַהֲבֵאתֶם אֶת־עֹמֶר רֵאשִׁית
קְצִירְכֶם אֶל־הַכֹּהֵן

and shall reap * the harvest thereof,

then you shall bring * the sheaf of the first-fruits

of your harvest to the priest.

(11)

וְהֵנִיף אֶת־הָעֹמֶר לִפְנֵי יהוה
לִרְצֹנְכֶם מִמָּחֳרַת הַשַּׁבָּת
יְנִיפֶנּוּ הַכֹּהֵן

And he shall wave * the sheaf before YHVH,

to be accepted for you; on the morrow after the sabbath

the priest shall wave it.

(12)

וַעֲשִׂיתֶם בְּיוֹם הֲנִיפְכֶם אֶת־הָעֹמֶר
כֶּבֶשׂ תָּמִים בֶּן־שְׁנָתוֹ
לְעֹלָה לַיהוה

And in the day when you wave * the sheaf,

you shall offer a he-lamb without blemish of the first year

for a burnt-offering to YHVH.

(13)

וּמִנְחָתוֹ שְׁנֵי עֶשְׂרֹנִים
סֹלֶת בְּלוּלָה בַשֶּׁמֶן

Level Three

וַיִּקְרָא ~ כג

And the meal-offering thereof shall be two tenth parts of an ephah
of fine flour mingled with oil,

אִשֶּׁה לַיהוה רֵיחַ נִיחֹחַ

וְנִסְכֹּה יַיִן

רְבִיעִת הַהִין

an offering made by fire to YHVH for a sweet savor;
and the drink-offering thereof shall be of wine,
the fourth part of a hin.

(14)

וְלֶחֶם וְקָלִי וְכַרְמֶל

לֹא תֹאכְלוּ

עַד־עֶצֶם הַיּוֹם הַזֶּה

And you shall eat neither bread, nor parched corn,
nor fresh ears,
until this selfsame day,

עַד הֲבִיאֲכֶם אֶת־קָרְבַּן אֱלֹהֵיכֶם

חֻקַּת עוֹלָם לְדֹרֹתֵיכֶם

בְּכֹל מֹשְׁבֹתֵיכֶם

until you have brought * the offering of your God;
it is a statute forever throughout your generations
in all your dwellings.

Feast Of Weeks

(15)

וּסְפַרְתֶּם לָכֶם מִמָּחֳרַת הַשַּׁבָּת

מִיּוֹם הֲבִיאֲכֶם אֶת-עֹמֶר הַתְּנוּפָה

שֶׁבַע שַׁבָּתוֹת תְּמִימֹת תִּהְיֶינָה

And you shall count to you from the morrow after sabbath,

from the day that you brought * the sheaf of the waving;

seven weeks shall there be complete;

(16)

עַד מִמָּחֳרַת הַשַּׁבָּת הַשְּׁבִיעִת

תִּסְפְּרוּ חֲמִשִּׁים יוֹם

וְהִקְרַבְתֶּם מִנְחָה חֲדָשָׁה לַיהוה

even to the morrow after the seventh sabbath

shall you number fifty days;

and you shall present a new meal-offering to YHVH.

(17)

מִמּוֹשְׁבֹתֵיכֶם תָּבִיאוּ לֶחֶם תְּנוּפָה שְׁתַּיִם

שְׁנֵי עֶשְׂרֹנִים סֹלֶת

תִּהְיֶינָה חָמֵץ תֵּאָפֶינָה

בִּכּוּרִים לַיהוה

You shall bring out of your dwellings two wave-loaves

of two tenth parts of an ephah; they shall be of fine flour,

they shall be baked with leaven,

for first-fruits to YHVH.

Level Three

(18)

וְהִקְרַבְתֶּם עַל־הַלֶּחֶם
שִׁבְעַת כְּבָשִׂים תְּמִימִם בְּנֵי שָׁנָה
וּפַר בֶּן־בָּקָר אֶחָד, וְאֵילִם שְׁנָיִם
יִהְיוּ עֹלָה לַיהוה
וּמִנְחָתָם וְנִסְכֵּיהֶם
אִשֵּׁה רֵיחַ־נִיחֹחַ לַיהוה

And you shall present with the bread
seven lambs without blemish of the first year,
and one young bullock, and two rams;
they shall be a burnt-offering to YHVH,
with their meal-offering, and their drink-offerings,
even an offering made by fire, of a sweet savor to YHVH.

(19)

וַעֲשִׂיתֶם שְׂעִיר־עִזִּים אֶחָד לְחַטָּאת
וּשְׁנֵי כְבָשִׂים בְּנֵי שָׁנָה לְזֶבַח שְׁלָמִים

And you shall offer one he-goat for a sin-offering,
and two he-lambs of the first year for a sacrifice of peace-offerings.

(20)

וְהֵנִיף הַכֹּהֵן אֹתָם עַל לֶחֶם
הַבִּכֻּרִים תְּנוּפָה לִפְנֵי יהוה

And the priest shall wave * them with the bread*
of the first-fruits for a wave-offering before YHVH,

עַל־שְׁנֵי כְּבָשִׂים
קֹדֶשׁ יִהְיוּ לַיהוה לַכֹּהֵן

with the two lambs;
they shall be holy to YHVH for the priest.

(21)

וּקְרָאתֶם בְּעֶצֶם הַיּוֹם הַזֶּה
מִקְרָא־קֹדֶשׁ יִהְיֶה לָכֶם

And you shall make proclamation on the selfsame day;
there shall be a holy convocation to you;

כָּל־מְלֶאכֶת עֲבֹדָה לֹא תַעֲשׂוּ
חֻקַּת עוֹלָם בְּכָל־מוֹשְׁבֹתֵיכֶם
לְדֹרֹתֵיכֶם

all work of service you shall not do
it is a statute forever in all your dwellings
throughout your generations.

(22)

וּבְקֻצְרְכֶם אֶת־קְצִיר אַרְצְכֶם
לֹא־תְכַלֶּה פְּאַת שָׂדְךָ בְּקֻצְרֶךָ
וְלֶקֶט קְצִירְךָ לֹא תְלַקֵּט
לֶעָנִי וְלַגֵּר תַּעֲזֹב אֹתָם
אֲנִי יהוה אֱלֹהֵיכֶם

Level Three   וַיִּקְרָא ~ כג

And when you reap * the harvest of your land,

you shall not wholly reap the corner of your field,

neither shall you gather the gleaning of your harvest;

you shall leave * them for the poor, and for the stranger:

I am YHVH your God.

Feast Of Blowing

(23) וַיְדַבֵּר יהוה אֶל-מֹשֶׁה לֵּאמֹר (*And YHVH spoke to Moses saying*):

(24)

דַּבֵּר אֶל-בְּנֵי יִשְׂרָאֵל לֵאמֹר

בַּחֹדֶשׁ הַשְּׁבִיעִי בְּאֶחָד לַחֹדֶשׁ

יִהְיֶה לָכֶם שַׁבָּתוֹן

זִכְרוֹן תְּרוּעָה מִקְרָא-קֹדֶשׁ

Speak to the children of Israel, saying:

In the seventh month, in the first day of the month,

shall be a solemn rest to you,

a memorial of blast, a holy convocation.

(25)

כָּל-מְלֶאכֶת עֲבֹדָה לֹא תַעֲשׂוּ

וְהִקְרַבְתֶּם אִשֶּׁה לַיהוה

You shall do no manner of servile work;

and you shall bring an offering made by fire to YHVH.

Leviticus ~ 23

Day Of Atonement

(26) וַיְדַבֵּר יהוה אֶל־מֹשֶׁה לֵּאמֹר (*And YHVH spoke to Moses saying*):

(27)

אַךְ בֶּעָשׂוֹר לַחֹדֶשׁ הַשְּׁבִיעִי הַזֶּה

יוֹם הַכִּפֻּרִים הוּא

מִקְרָא־קֹדֶשׁ יִהְיֶה לָכֶם

וְעִנִּיתֶם אֶת־נַפְשֹׁתֵיכֶם

וְהִקְרַבְתֶּם אִשֶּׁה לַיהוה

Howbeit on the tenth day of this seventh month

is the day of the shelters (atonement);

there shall be a holy convocation to you,

*and you shall afflict * your souls;*

and you shall bring an offering made by fire to YHVH.

(28)

וְכָל־מְלָאכָה לֹא תַעֲשׂוּ בְּעֶצֶם הַיּוֹם הַזֶּה

כִּי יוֹם כִּפֻּרִים הוּא

לְכַפֵּר עֲלֵיכֶם לִפְנֵי יהוה אֱלֹהֵיכֶם

And you shall do no manner of work in that same day;

for it is a day of shelters (atonement),

to make atonement for you before YHVH your God.

(29)

כִּי כָל־הַנֶּפֶשׁ אֲשֶׁר לֹא־תְעֻנֶּה

בְּעֶצֶם הַיּוֹם הַזֶּה

וְנִכְרְתָה מֵעַמֶּיהָ

Level Three　　　　　　　　　　　　　　　　　　　　וַיִּקְרָא ~ כג

For whatsoever soul it be that shall not be humbled

in that same day,

he shall be cut off from his people.

(30)

וְכָל־הַנֶּפֶשׁ אֲשֶׁר תַּעֲשֶׂה כָּל־מְלָאכָה

בְּעֶצֶם הַיּוֹם הַזֶּה

וְהַאֲבַדְתִּי אֶת־הַנֶּפֶשׁ הַהִוא מִקֶּרֶב עַמָּהּ

And whatsoever soul it be that does any manner of work

in that same day,

*that * soul will I destroy from among his people.*

(31)

כָּל־מְלָאכָה לֹא תַעֲשׂוּ

חֻקַּת עוֹלָם לְדֹרֹתֵיכֶם

בְּכֹל מֹשְׁבֹתֵיכֶם

You shall do no manner of work;

it is a statute forever throughout your generations

in all your dwellings.

(32)

שַׁבַּת שַׁבָּתוֹן הוּא לָכֶם

וְעִנִּיתֶם אֶת־נַפְשֹׁתֵיכֶם

בְּתִשְׁעָה לַחֹדֶשׁ בָּעֶרֶב

It shall be to you a sabbath of solemn rest,

*and you shall afflict * your souls;*

in the ninth day of the month at even,

249

Leviticus ~ 23

מֵעֶרֶב עַד־עֶרֶב
תִּשְׁבְּתוּ שַׁבַּתְּכֶם

from even to even,
shall you keep your sabbath.

Feast Of Tabernacles

(33) וַיְדַבֵּר יהוה אֶל־מֹשֶׁה לֵּאמֹר *(And YHVH spoke to Moses saying):*

(34)
דַּבֵּר אֶל־בְּנֵי יִשְׂרָאֵל לֵאמֹר
בַּחֲמִשָּׁה עָשָׂר יוֹם לַחֹדֶשׁ הַשְּׁבִיעִי הַזֶּה
חַג הַסֻּכּוֹת שִׁבְעַת יָמִים לַיהוה

Speak to the children of Israel, saying:
On the fifteenth day of this seventh month
is the feast of tabernacles for seven days to YHVH.

(35)
בַּיּוֹם הָרִאשׁוֹן מִקְרָא־קֹדֶשׁ
כָּל־מְלֶאכֶת עֲבֹדָה לֹא תַעֲשׂוּ

On the first day shall be a holy convocation;
you shall do no manner of servile work.

(36)
שִׁבְעַת יָמִים תַּקְרִיבוּ אִשֶּׁה לַיהוה
בַּיּוֹם הַשְּׁמִינִי מִקְרָא־קֹדֶשׁ יִהְיֶה לָכֶם

Level Three

וַיִּקְרָא ~ כג

Seven days you shall bring an offering made by fire to YHVH;

on the eighth day shall be a holy convocation to you;

וְהִקְרַבְתֶּם אִשֶּׁה לַיהוה

עֲצֶרֶת הִוא

כָּל־מְלֶאכֶת עֲבֹדָה לֹא תַעֲשׂוּ

and you shall bring an offering made by fire to YHVH;

it is a day of solemn assembly;

you shall do no manner of servile work.

(37)

אֵלֶּה מוֹעֲדֵי יהוה

אֲשֶׁר־תִּקְרְאוּ אֹתָם מִקְרָאֵי קֹדֶשׁ

לְהַקְרִיב אִשֶּׁה לַיהוה

עֹלָה וּמִנְחָה זֶבַח

וּנְסָכִים דְּבַר־יוֹם בְּיוֹמוֹ

These are the appointed seasons of YHVH,

which you shall proclaim * them to be holy convocations,

to bring an offering made by fire to YHVH,

a burnt-offering, and a meal-offering, a sacrifice,

and drink-offerings, each on its own day;

(38)

מִלְּבַד שַׁבְּתֹת יהוה

beside the sabbaths of YHVH,

וּמִלְּבַד מַתְּנוֹתֵיכֶם וּמִלְּבַד כָּל־נִדְרֵיכֶם
וּמִלְּבַד כָּל־נִדְבֹתֵיכֶם
אֲשֶׁר תִּתְּנוּ לַיהוה

and beside your gifts, and beside all your vows,
and beside all your freewill-offerings,
which you give to YHVH.

(39)

אַךְ בַּחֲמִשָּׁה עָשָׂר יוֹם לַחֹדֶשׁ הַשְּׁבִיעִי
בְּאָסְפְּכֶם אֶת־תְּבוּאַת הָאָרֶץ
תָּחֹגּוּ אֶת־חַג־יהוה שִׁבְעַת יָמִים
בַּיּוֹם הָרִאשׁוֹן שַׁבָּתוֹן
וּבַיּוֹם הַשְּׁמִינִי שַׁבָּתוֹן

Howbeit on the fifteenth day of the seventh month,
when you have gathered in * the fruits of the land,
you shall keep * the feast of YHVH seven days;
on the first day shall be a solemn rest,
and on the eighth day shall be a solemn rest.

(40)

וּלְקַחְתֶּם לָכֶם בַּיּוֹם הָרִאשׁוֹן
פְּרִי עֵץ הָדָר כַּפֹּת תְּמָרִים

And you shall take you on the first day
the fruit of goodly trees, branches of palm-trees,

Level Three

וַעֲנַף עֵץ־עָבֹת וְעַרְבֵי־נָחַל
וּשְׂמַחְתֶּם לִפְנֵי יהוה אֱלֹהֵיכֶם
שִׁבְעַת יָמִים

and boughs of thick trees, and willows of the brook,
and you shall rejoice before YHVH your God
seven days.

(41)

וְחַגֹּתֶם אֹתוֹ חַג לַיהוה
שִׁבְעַת יָמִים בַּשָּׁנָה
חֻקַּת עוֹלָם
לְדֹרֹתֵיכֶם
בַּחֹדֶשׁ הַשְּׁבִיעִי תָּחֹגּוּ אֹתוֹ

And you shall keep * it a feast to YHVH
seven days in the year;
it is a statute forever
throughout your generations;
you shall keep * it in the seventh month.

(42)

בַּסֻּכֹּת תֵּשְׁבוּ שִׁבְעַת יָמִים
כָּל־הָאֶזְרָח בְּיִשְׂרָאֵל יֵשְׁבוּ בַּסֻּכֹּת

You shall dwell in booths seven days;
all that are home-born in Israel shall dwell in booths;

Leviticus ~ 23

(43)

לְמַעַן יֵדְעוּ דֹרֹתֵיכֶם
כִּי בַסֻּכּוֹת הוֹשַׁבְתִּי אֶת־בְּנֵי יִשְׂרָאֵל
בְּהוֹצִיאִי אוֹתָם מֵאֶרֶץ מִצְרָיִם
אֲנִי יהוה אֱלֹהֵיכֶם

that your generations may know

that I made * the children of Israel to dwell in booths,

when I brought * them out of the land of Egypt:

I am YHVH your God.

(44) וַיְדַבֵּר מֹשֶׁה אֶת־מֹעֲדֵי יהוה אֶל־בְּנֵי יִשְׂרָאֵל

(And Moses declared the appointed seasons of YHVH to the children of Israel.)

Chapter Twenty-Four

The Lamp

(1) וַיְדַבֵּר יהוה אֶל־מֹשֶׁה לֵּאמֹר (*And YHVH spoke to Moses saying*):

(2)

צַו אֶת־בְּנֵי יִשְׂרָאֵל

וְיִקְחוּ אֵלֶיךָ שֶׁמֶן זַיִת זָךְ

כָּתִית לַמָּאוֹר

לְהַעֲלֹת נֵר תָּמִיד

*Command * the children of Israel,*

that they bring to you pure olive oil

beaten for the light,

to cause a lamp to burn continually.

(3)

מִחוּץ לְפָרֹכֶת הָעֵדֻת בְּאֹהֶל מוֹעֵד

יַעֲרֹךְ אֹתוֹ אַהֲרֹן

מֵעֶרֶב עַד־בֹּקֶר לִפְנֵי יהוה תָּמִיד

חֻקַּת עוֹלָם לְדֹרֹתֵיכֶם

Without the veil of the testimony, in the tent of meeting,

*shall Aaron order * it from*

evening to morning before YHVH continually;

it shall be a statute forever throughout your generations.

(4)

עַל הַמְּנֹרָה הַטְּהֹרָה יַעֲרֹךְ אֶת־הַנֵּרוֹת
לִפְנֵי יהוה תָּמִיד

He shall order * the lamps upon the pure candlestick
before YHVH continually.

The Shewbread

(5)

וְלָקַחְתָּ סֹלֶת
וְאָפִיתָ אֹתָהּ
שְׁתֵּים עֶשְׂרֵה חַלּוֹת
שְׁנֵי עֶשְׂרֹנִים יִהְיֶה הַחַלָּה הָאֶחָת

And you shall take fine flour,
and bake * it
twelve cakes
two tenth parts of an ephah shall be in one cake.

(6)

וְשַׂמְתָּ אוֹתָם שְׁתַּיִם מַעֲרָכוֹת
שֵׁשׁ הַמַּעֲרָכֶת
עַל הַשֻּׁלְחָן הַטָּהֹר לִפְנֵי יהוה

And you shall set * them in two rows,
six in a row,
upon the pure table before YHVH.

Level Three

וַיִּקְרָא ~ כד

(7)

וְנָתַתָּ עַל־הַמַּעֲרֶכֶת לְבֹנָה זַכָּה
וְהָיְתָה לַלֶּחֶם לְאַזְכָּרָה
אִשֶּׁה לַיהוה

And you shall put pure frankincense with each row,

that it may be to the bread for a memorial-part,

even an offering made by fire to YHVH.

(8)

בְּיוֹם הַשַּׁבָּת בְּיוֹם הַשַּׁבָּת
יַעַרְכֶנּוּ לִפְנֵי יהוה תָּמִיד
מֵאֵת בְּנֵי־יִשְׂרָאֵל בְּרִית עוֹלָם

Every sabbath day

he shall set it in order before YHVH continually;

it is from the children of Israel, an everlasting covenant.

(9)

וְהָיְתָה לְאַהֲרֹן וּלְבָנָיו
וַאֲכָלֻהוּ בְּמָקוֹם קָדֹשׁ
כִּי קֹדֶשׁ קָדָשִׁים הוּא לוֹ
מֵאִשֵּׁי יהוה חָק־עוֹלָם

And it shall be for Aaron and his sons;

and they shall eat it in a holy place;

for it is most holy to him

of the offerings of YHVH made by fire, a perpetual due.

The Blasphemer

(10) And בֶּן-אִשָּׁה יִשְׂרְאֵלִית (the son of a woman, an Israelite) וְהוּא בֶּן-אִישׁ מִצְרִי *(he was the son of a man of Egyptian)* went out among בְּנֵי יִשְׂרָאֵל and בֶּן הַיִּשְׂרְאֵלִית וְאִישׁ הַיִּשְׂרְאֵלִי *(the son of the Israelite woman and a man of Israel)* strove together in the camp.

(11) And בֶּן-הָאִשָּׁה הַיִּשְׂרְאֵלִית *(the son of the woman, the Israelite)* blasphemed אֶת-הַשֵּׁם *(* the Name)* and cursed; and they brought אֹתוֹ אֶל-מֹשֶׁה *(* him to Moses)* וְשֵׁם אִמּוֹ שְׁלֹמִית *(And his mother's name was Shelomith)* בַּת דִּבְרִי לְמַטֵּה-דָן *(the daughter of Dibri, of the tribe of Dan).*

(12) And they put him in ward, that it might be declared לָהֶם *(to them)* at the bidding of יהוה

(13) וַיְדַבֵּר יהוה אֶל-מֹשֶׁה לֵּאמֹר *(And YHVH spoke to Moses saying)*:

(14)

הוֹצֵא אֶת-הַמְקַלֵּל אֶל-מִחוּץ לַמַּחֲנֶה

וְסָמְכוּ כָל-הַשֹּׁמְעִים אֶת-יְדֵיהֶם עַל-רֹאשׁוֹ

וְרָגְמוּ אֹתוֹ כָּל-הָעֵדָה

*Bring forth * him that has cursed without the camp;*

*and let all that heard him lay * their hands upon his head,*

and let all the congregation stone him.

(15)

וְאֶל-בְּנֵי יִשְׂרָאֵל תְּדַבֵּר לֵאמֹר

אִישׁ אִישׁ כִּי-יְקַלֵּל אֱלֹהָיו וְנָשָׂא חֶטְאוֹ

And you shall speak to the children of Israel, saying:

Whosoever curses his God shall bear his sin.

(16)

וְנֹקֵב שֵׁם-יהוה

מוֹת יוּמָת

רָגוֹם יִרְגְּמוּ-בוֹ כָּל-הָעֵדָה

כַּגֵּר כָּאֶזְרָח

בְּנָקְבוֹ-שֵׁם יוּמָת

And he that blasphemes the name of YHVH,
he shall surely be put to death;
all the congregation shall certainly stone him;
as well the stranger, as the home-born,
when he blasphemes the Name, he shall be put to death.

(17)

וְאִישׁ כִּי יַכֶּה כָּל-נֶפֶשׁ אָדָם

מוֹת יוּמָת

And he that smites any man mortally
shall surely be put to death.

(18)

וּמַכֵּה נֶפֶשׁ-בְּהֵמָה יְשַׁלְּמֶנָּה

נֶפֶשׁ תַּחַת נָפֶשׁ

And he that smites a beast mortally he shall repay it:
life for life.

Leviticus ~ 24

(19)

וְאִישׁ כִּי־יִתֵּן מוּם בַּעֲמִיתוֹ
כַּאֲשֶׁר עָשָׂה כֵּן יֵעָשֶׂה לּוֹ

And if a man maim his neighbor;
as he has done, so shall it be done to him:

(20)

שֶׁבֶר תַּחַת שֶׁבֶר
עַיִן תַּחַת עַיִן
שֵׁן תַּחַת שֵׁן
כַּאֲשֶׁר יִתֵּן מוּם בָּאָדָם
כֵּן יִנָּתֶן בּוֹ

breach for breach,
eye for eye,
tooth for tooth;
as he has maimed a man,
so shall it be rendered to him.

(21)

וּמַכֵּה בְהֵמָה יְשַׁלְּמֶנָּה
וּמַכֵּה אָדָם יוּמָת

And he that kills a beast shall make it good;
and he that kills a man shall be put to death.

Level Three   וַיִּקְרָא ~ כד

(22)
מִשְׁפַּט אֶחָד יִהְיֶה לָכֶם
כַּגֵּר כָּאֶזְרָח יִהְיֶה
כִּי אֲנִי יהוה אֱלֹהֵיכֶם

You shall have one manner of law,

as well for the stranger, as for the home-born;

for I am YHVH your God.

(23) וַיְדַבֵּר מֹשֶׁה אֶל־בְּנֵי יִשְׂרָאֵל *(And Moses spoke to the children of Israel)* and they brought forth אֶת him that had cursed out of the camp, and pelted אֹתוֹ אָבֶן *(* him with stone)*. וּבְנֵי־יִשְׂרָאֵל did כַּאֲשֶׁר צִוָּה יהוה אֶת־מֹשֶׁה *(as YHVH commanded * Moses)*

Chapter Twenty-Five

Sabbatical Year

(1) וַיְדַבֵּר יהוה אֶל-מֹשֶׁה בְּהַר סִינַי לֵאמֹר

(And YHVH spoke to Moses in mount Sinai, saying):

(2)

דַּבֵּר אֶל-בְּנֵי יִשְׂרָאֵל וְאָמַרְתָּ אֲלֵהֶם
כִּי תָבֹאוּ אֶל-הָאָרֶץ אֲשֶׁר אֲנִי נֹתֵן לָכֶם
וְשָׁבְתָה הָאָרֶץ שַׁבָּת לַיהוה

Speak to the children of Israel, and say to them:
When you come into the land which I give you,
then shall the land keep a sabbath to YHVH.

(3)

שֵׁשׁ שָׁנִים תִּזְרַע שָׂדֶךָ
וְשֵׁשׁ שָׁנִים תִּזְמֹר כַּרְמֶךָ
וְאָסַפְתָּ אֶת-תְּבוּאָתָהּ

Six years you shall sow your field,
and six years you shall prune your vineyard,
*and gather in * the produce thereof.*

(4)

וּבַשָּׁנָה הַשְּׁבִיעִת שַׁבַּת
שַׁבָּתוֹן יִהְיֶה לָאָרֶץ
שַׁבָּת לַיהוה

Level Three

וַיִּקְרָא ~ כה

But in the seventh year shall be a sabbath
of solemn rest for the land,
a sabbath to YHVH;

שָׂדְךָ לֹא תִזְרָע

וְכַרְמְךָ לֹא תִזְמֹר

you shall neither sow your field,
nor prune your vineyard.

(5)

אֵת סְפִיחַ קְצִירְךָ לֹא תִקְצוֹר

וְאֶת־עִנְּבֵי נְזִירֶךָ לֹא תִבְצֹר

שְׁנַת שַׁבָּתוֹן יִהְיֶה לָאָרֶץ

* *That which grows of itself of your harvest you shall not reap,*
and the grapes of your undressed vine you shall not gather;
it shall be a year of solemn rest for the land.

(6)

וְהָיְתָה שַׁבַּת הָאָרֶץ לָכֶם

לְאָכְלָה לְךָ וּלְעַבְדְּךָ

וְלַאֲמָתֶךָ וְלִשְׂכִירְךָ

וּלְתוֹשָׁבְךָ הַגָּרִים עִמָּךְ

And the sabbath-produce of the land shall be for you:
for food for you, and for your servant
and for your maid, and for your hired servant
and for the settler that sojourns with you;

Leviticus ~ 25

(7)

וְלִבְהֶמְתְּךָ וְלַחַיָּה אֲשֶׁר בְּאַרְצֶךָ
תִּהְיֶה כָל־תְּבוּאָתָהּ לֶאֱכֹל

and for your cattle, and for the beasts that are in your land,
shall all the increase thereof be for food.

Jubilee Year

(8)

וְסָפַרְתָּ לְךָ שֶׁבַע שַׁבְּתֹת שָׁנִים
שֶׁבַע שָׁנִים שֶׁבַע פְּעָמִים
וְהָיוּ לְךָ יְמֵי שֶׁבַע שַׁבְּתֹת הַשָּׁנִים
תֵּשַׁע וְאַרְבָּעִים שָׁנָה

And you shall number seven sabbaths of years to you,
seven years seven times;
and there shall be to you the days of seven sabbaths of years,
even forty and nine years.

(9)

וְהַעֲבַרְתָּ שׁוֹפַר תְּרוּעָה
בַּחֹדֶשׁ הַשְּׁבִעִי בֶּעָשׂוֹר לַחֹדֶשׁ

Then shall you make proclamation with the blast of the shofar
on the tenth day of the seventh month;

בְּיוֹם הַכִּפֻּרִים תַּעֲבִירוּ שׁוֹפָר
בְּכָל־אַרְצְכֶם

Level Three   וַיִּקְרָא ~ כה

in the day of atonement shall you make proclamation of the shofar

throughout all your land.

(10)

וְקִדַּשְׁתֶּם אֵת שְׁנַת הַחֲמִשִּׁים שָׁנָה

וּקְרָאתֶם דְּרוֹר בָּאָרֶץ

לְכָל־יֹשְׁבֶיהָ

יוֹבֵל הִוא תִּהְיֶה לָכֶם

וְשַׁבְתֶּם אִישׁ אֶל־אֲחֻזָּתוֹ

וְאִישׁ אֶל־מִשְׁפַּחְתּוֹ תָּשֻׁבוּ

And you shall hallow * the fiftieth year,

and proclaim liberty throughout the land

to all the inhabitants thereof;

it shall be a jubilee to you;

and you shall return every man to his possession,

and you shall return every man to his family.

(11)

יוֹבֵל הִוא שְׁנַת הַחֲמִשִּׁים שָׁנָה תִּהְיֶה לָכֶם

לֹא תִזְרָעוּ וְלֹא תִקְצְרוּ

אֶת־סְפִיחֶיהָ

וְלֹא תִבְצְרוּ אֶת־נְזִרֶיהָ

A jubilee shall that fiftieth year be to you;

you shall not sow, neither reap

* that which grows of itself in it,

nor gather the grapes in it of * the undressed vines.

265

(12)

כִּי יוֹבֵל הִוא קֹדֶשׁ תִּהְיֶה לָכֶם
מִן־הַשָּׂדֶה תֹּאכְלוּ אֶת־תְּבוּאָתָהּ

For it is a jubilee; it shall be holy to you;
*you shall eat * the increase thereof out of the field.*

(13)

בִּשְׁנַת הַיּוֹבֵל הַזֹּאת תָּשֻׁבוּ
אִישׁ אֶל־אֲחֻזָּתוֹ

In this year of jubilee you shall return
a man to his possession.

(14)

וְכִי־תִמְכְּרוּ מִמְכָּר לַעֲמִיתֶךָ
אוֹ קָנֹה מִיַּד עֲמִיתֶךָ
אַל־תּוֹנוּ אִישׁ אֶת־אָחִיו

And if you sell aught to your neighbor,
or buy of your neighbor's hand,
*you shall not wrong a man * his brother.*

(15)

בְּמִסְפַּר שָׁנִים אַחַר הַיּוֹבֵל
תִּקְנֶה מֵאֵת עֲמִיתֶךָ
בְּמִסְפַּר שְׁנֵי־תְבוּאֹת
יִמְכָּר־לָךְ

According to the number of years after the jubilee

you shall buy from * your neighbor,

and according to the number of years of the crops

he shall sell to you.

(16)

לְפִי רֹב הַשָּׁנִים

תַּרְבֶּה מִקְנָתוֹ

וּלְפִי מְעֹט הַשָּׁנִים

תַּמְעִיט מִקְנָתוֹ

כִּי מִסְפַּר תְּבוּאֹת הוּא מֹכֵר לָךְ

According to the multitude of the years

you shall increase the price thereof,

and according to the fewness of the years

you shall diminish the price of it;

for the number of crops he sells to you.

(17)

וְלֹא תוֹנוּ אִישׁ אֶת־עֲמִיתוֹ

וְיָרֵאתָ מֵאֱלֹהֶיךָ

כִּי אֲנִי יהוה אֱלֹהֵיכֶם

And you shall not wrong a man * his companion;

but you shall fear from your God;

for I am YHVH your God.

Leviticus ~ 25

(18)

וַעֲשִׂיתֶם אֶת-חֻקֹּתַי
וְאֶת-מִשְׁפָּטַי תִּשְׁמְרוּ וַעֲשִׂיתֶם אֹתָם
וִישַׁבְתֶּם עַל-הָאָרֶץ לָבֶטַח

*Wherefore you shall do * My statutes,*
*and keep * My ordinances and do * them;*
and you shall dwell in the land in safety.

(19)

וְנָתְנָה הָאָרֶץ פִּרְיָהּ
וַאֲכַלְתֶּם לָשֹׂבַע
וִישַׁבְתֶּם לָבֶטַח עָלֶיהָ

And the land shall yield her fruit,
and you shall eat until you have enough,
and dwell therein in safety.

(20)

וְכִי תֹאמְרוּ מַה-נֹּאכַל בַּשָּׁנָה הַשְּׁבִיעִת
הֵן לֹא נִזְרָע וְלֹא נֶאֱסֹף אֶת-תְּבוּאָתֵנוּ

And if you shall say: What shall we eat the seventh year?
*Behold, we may not sow, nor gather in * our increase;*

(21)

וְצִוִּיתִי אֶת-בִּרְכָתִי לָכֶם בַּשָּׁנָה הַשִּׁשִּׁית
וְעָשָׂת אֶת-הַתְּבוּאָה
לִשְׁלֹשׁ הַשָּׁנִים

Level Three

then I will command * My blessing upon you in the sixth year,

and it shall bring forth * the income

for the three years.

(22)

וּזְרַעְתֶּם, אֵת הַשָּׁנָה הַשְּׁמִינִת

וַאֲכַלְתֶּם מִן-הַתְּבוּאָה יָשָׁן

עַד הַשָּׁנָה הַתְּשִׁיעִת

עַד-בּוֹא תְּבוּאָתָהּ

תֹּאכְלוּ יָשָׁן

And you shall sow * the eighth year,

and eat of the stored income produce;

until the ninth year,

until her produce come in,

you shall eat the old store.

Land Redemption

(23)

וְהָאָרֶץ לֹא תִמָּכֵר לִצְמִתֻת

כִּי-לִי הָאָרֶץ

כִּי-גֵרִים וְתוֹשָׁבִים אַתֶּם עִמָּדִי

And the land shall not be sold in perpetuity;

for the land is Mine;

for you are strangers and settlers with Me.

(24)

וּבְכֹל, אֶרֶץ אֲחֻזַּתְכֶם
גְּאֻלָּה תִּתְּנוּ לָאָרֶץ

And in all the land of your possession
you shall grant a redemption for the land.

(25)

כִּי־יָמוּךְ אָחִיךָ וּמָכַר מֵאֲחֻזָּתוֹ
וּבָא גֹאֲלוֹ הַקָּרֹב אֵלָיו
וְגָאַל אֵת מִמְכַּר אָחִיו

If your brother be waxen poor, and sell some of his possession,
then shall his kinsman that is next to him come,
*and shall redeem * that which his brother has sold.*

(26)

וְאִישׁ כִּי לֹא יִהְיֶה־לּוֹ גֹּאֵל
וְהִשִּׂיגָה יָדוֹ וּמָצָא כְּדֵי גְאֻלָּתוֹ

And if a man have no one to redeem it,
and he be waxen rich and find sufficient means to redeem it;

(27)

וְחִשַּׁב אֶת־שְׁנֵי מִמְכָּרוֹ
וְהֵשִׁיב אֶת־הָעֹדֵף לָאִישׁ אֲשֶׁר מָכַר־לוֹ
וְשָׁב לַאֲחֻזָּתוֹ

*then let him count * the years of the sale thereof,*
and restore the overplus to the man to whom he sold it;
and he shall return to his possession.

(28)

וְאִם לֹא־מָצְאָה יָדוֹ דֵּי הָשִׁיב לוֹ

וְהָיָה מִמְכָּרוֹ בְּיַד הַקֹּנֶה אֹתוֹ

עַד שְׁנַת הַיּוֹבֵל

וְיָצָא בַּיֹּבֵל

וְשָׁב לַאֲחֻזָּתוֹ

But if he have not sufficient means to get it back for himself,

then his sale shall remain in the hand of him that has bought * it

until the year of jubilee;

and in the jubilee it shall go out,

and he shall return to his possession.

(29)

וְאִישׁ כִּי־יִמְכֹּר בֵּית־מוֹשַׁב עִיר חוֹמָה

וְהָיְתָה גְּאֻלָּתוֹ עַד־תֹּם שְׁנַת מִמְכָּרוֹ

יָמִים תִּהְיֶה גְאֻלָּתוֹ

And if a man sell a dwelling-house in a walled city,

then he may redeem it within a whole year after it is sold;

for a full year shall he have the right of redemption.

(30)

וְאִם לֹא־יִגָּאֵל עַד־מְלֹאת לוֹ שָׁנָה תְמִימָה

וְקָם הַבַּיִת אֲשֶׁר־בָּעִיר אֲשֶׁר־לוֹ חֹמָה

And if it be not redeemed within the space of a full year,

then the house that is in the walled city

לַצְּמִיתֻת לַקֹּנֶה אֹתוֹ
לְדֹרֹתָיו
לֹא יֵצֵא בַּיֹּבֵל

*shall be made sure in perpetuity to him that bought * it,*
throughout his generations;
it shall not go out in the jubilee.

(31)

וּבָתֵּי הַחֲצֵרִים אֲשֶׁר אֵין-לָהֶם חֹמָה סָבִיב
עַל-שְׂדֵה הָאָרֶץ יֵחָשֵׁב
גְּאֻלָּה תִּהְיֶה-לּוֹ וּבַיֹּבֵל יֵצֵא

But the houses of the villages which have no wall round about them
shall be reckoned with the fields of the country;
they may be redeemed, and they shall go out in the jubilee.

Levite Cities

(32)

וְעָרֵי הַלְוִיִּם
בָּתֵּי עָרֵי אֲחֻזָּתָם
גְּאֻלַּת עוֹלָם תִּהְיֶה לַלְוִיִּם

But as for the cities of the Levites,
the houses of the cities of their possession,
the Levites shall have a perpetual right of redemption.

Level Three וַיִּקְרָא ~ כה

(33)

וַאֲשֶׁר יִגְאַל מִן-הַלְוִיִּם

וְיָצָא מִמְכַּר-בַּיִת וְעִיר אֲחֻזָּתוֹ

בַּיֹּבֵל

כִּי בָתֵּי עָרֵי הַלְוִיִּם

הִוא אֲחֻזָּתָם בְּתוֹךְ בְּנֵי יִשְׂרָאֵל

And if a man purchase of the Levites,
then the house that was sold in the city of his possession,
shall go out in the jubilee;
for the houses of the cities of the Levites
are their possession among the children of Israel.

(34)

וּשְׂדֵה מִגְרַשׁ עָרֵיהֶם לֹא יִמָּכֵר

כִּי-אֲחֻזַּת עוֹלָם הוּא לָהֶם

But the fields of the open land about their cities may not be sold;
for that is their perpetual possession.

Poverty And Slaves

(35)

וְכִי-יָמוּךְ אָחִיךָ

וּמָטָה יָדוֹ עִמָּךְ

And if your brother be waxen poor,
and his means fail with you;

Leviticus ~ 25

וְהֶחֱזַקְתָּ בּוֹ
גֵּר וְתוֹשָׁב וָחַי עִמָּךְ

then you shall uphold him:
as a stranger and a settler shall he live with you.

(36)

אַל-תִּקַּח מֵאִתּוֹ נֶשֶׁךְ וְתַרְבִּית
וְיָרֵאתָ מֵאֱלֹהֶיךָ וְחֵי אָחִיךָ עִמָּךְ

Take you no interest of him or increase;
but fear your God; that your brother may live with you.

(37)

אֶת-כַּסְפְּךָ לֹא-תִתֵּן לוֹ בְּנֶשֶׁךְ
וּבְמַרְבִּית לֹא-תִתֵּן אָכְלֶךָ

You shall not give him your money upon interest,
nor give him your victuals for increase.

(38)

אֲנִי יהוה אֱלֹהֵיכֶם
אֲשֶׁר-הוֹצֵאתִי אֶתְכֶם מֵאֶרֶץ מִצְרָיִם
לָתֵת לָכֶם אֶת-אֶרֶץ כְּנַעַן
לִהְיוֹת לָכֶם לֵאלֹהִים

I am YHVH your God,
*who brought * you forth out of the land of Egypt,*
*to give you * the land of Canaan,*
to be your God.

Level Three

וַיִּקְרָא ~ כה

(39)

וְכִי־יָמוּךְ אָחִיךָ עִמָּךְ

וְנִמְכַּר־לָךְ

לֹא־תַעֲבֹד בּוֹ עֲבֹדַת עָבֶד

And if your brother be waxen poor with you,

and sell himself to you,

you shall not make him to serve as a bondservant.

(40)

כְּשָׂכִיר כְּתוֹשָׁב

יִהְיֶה עִמָּךְ

עַד־שְׁנַת הַיֹּבֵל יַעֲבֹד עִמָּךְ

As a hired servant, and as a settler,

he shall be with you;

he shall serve with you to the year of jubilee.

(41)

וְיָצָא, מֵעִמָּךְ

הוּא וּבָנָיו עִמּוֹ

וְשָׁב אֶל־מִשְׁפַּחְתּוֹ

וְאֶל־אֲחֻזַּת אֲבֹתָיו יָשׁוּב

Then shall he go out from you,

he and his children with him,

and shall return to his own family,

and to the possession of his fathers shall he return.

(42)

כִּי־עֲבָדַי הֵם
אֲשֶׁר־הוֹצֵאתִי אֹתָם
מֵאֶרֶץ מִצְרָיִם
לֹא יִמָּכְרוּ מִמְכֶּרֶת עָבֶד

For they are My servants,

whom I brought * them forth

out of the land of Egypt;

they shall not be sold as bondmen.

(43)

לֹא־תִרְדֶּה בוֹ בְּפָרֶךְ
וְיָרֵאתָ מֵאֱלֹהֶיךָ

You shall not rule over him with rigor;

but shall fear your God.

(44)

וְעַבְדְּךָ וַאֲמָתְךָ
אֲשֶׁר יִהְיוּ־לָךְ
מֵאֵת הַגּוֹיִם אֲשֶׁר סְבִיבֹתֵיכֶם
מֵהֶם תִּקְנוּ עֶבֶד וְאָמָה

And as for your bondmen, and your bondmaids,

whom you may have for you:

of the nations that are round about you,

of them shall you buy bondmen and bondmaids.

Level Three

וַיִּקְרָא ~ כה

(45)

וְגַם מִבְּנֵי הַתּוֹשָׁבִים הַגָּרִים עִמָּכֶם
מֵהֶם תִּקְנוּ וּמִמִּשְׁפַּחְתָּם אֲשֶׁר עִמָּכֶם
אֲשֶׁר הוֹלִידוּ בְּאַרְצְכֶם
וְהָיוּ לָכֶם לַאֲחֻזָּה

And from the children of the strangers that sojourn among you,

of them may you buy, and of their families that are with you,

which they have begotten in your land;

and they may be your possession.

(46)

וְהִתְנַחַלְתֶּם אֹתָם לִבְנֵיכֶם אַחֲרֵיכֶם
לָרֶשֶׁת אֲחֻזָּה לְעֹלָם בָּהֶם תַּעֲבֹדוּ
וּבְאַחֵיכֶם בְּנֵי-יִשְׂרָאֵל
אִישׁ בְּאָחִיו לֹא-תִרְדֶּה בוֹ בְּפָרֶךְ

*And you may allot * them to your sons after you,*

to hold for a possession of them forever;

but over your brethren the children of Israel

you shall not rule, one over another, with rigor.

(47)

וְכִי תַשִּׂיג יַד גֵּר וְתוֹשָׁב עִמָּךְ
וּמָךְ אָחִיךָ עִמּוֹ

And if a stranger who is a settler with you be waxen rich,

and your brother be waxen poor beside him,

וְנִמְכַּר לְגֵר תּוֹשָׁב עִמָּךְ
אוֹ לְעֵקֶר מִשְׁפַּחַת גֵּר

and sell himself to the stranger who is a settler with you,

or to the offshoot of a stranger's family,

(48)

אַחֲרֵי נִמְכַּר גְּאֻלָּה תִּהְיֶה־לּוֹ
אֶחָד מֵאֶחָיו יִגְאָלֶנּוּ

after that he is sold he may be redeemed;

one of his brethren may redeem him;

(49)

אוֹ־דֹדוֹ אוֹ בֶן־דֹּדוֹ יִגְאָלֶנּוּ
אוֹ־מִשְּׁאֵר בְּשָׂרוֹ מִמִּשְׁפַּחְתּוֹ יִגְאָלֶנּוּ
אוֹ־הִשִּׂיגָה יָדוֹ וְנִגְאָל

or his uncle, or his uncle's son, may redeem him,

or any that is nigh of kin to him of his family may redeem him;

or if he be waxen rich, he may redeem himself.

(50)

וְחִשַּׁב עִם־קֹנֵהוּ מִשְּׁנַת
הִמָּכְרוֹ לוֹ עַד שְׁנַת הַיֹּבֵל

And he shall reckon with him that bought him from the year

that he sold himself to him to the year of jubilee;

וַיִּקְרָא ~ כה

וְהָיָה כֶּסֶף מִמְכָּרוֹ בְּמִסְפַּר שָׁנִים
כִּימֵי שָׂכִיר יִהְיֶה עִמּוֹ

and the price of his sale shall be according to the number of years;

according to the time of a hired servant shall he be with him.

(51)

אִם־עוֹד רַבּוֹת בַּשָּׁנִים
לְפִיהֶן יָשִׁיב גְּאֻלָּתוֹ
מִכֶּסֶף מִקְנָתוֹ

If there be yet many years,

according to them he shall give back the price of his redemption

out of the money that he was bought for.

(52)

וְאִם־מְעַט נִשְׁאַר בַּשָּׁנִים
עַד־שְׁנַת הַיֹּבֵל
וְחִשַּׁב־לוֹ
כְּפִי שָׁנָיו יָשִׁיב
אֶת־גְּאֻלָּתוֹ

And if there remain but few years

to the year of jubilee,

then he shall reckon with him;

according to his years shall he give back the price of

* his redemption.

(53)

כִּשְׂכִיר שָׁנָה בְּשָׁנָה יִהְיֶה עִמּוֹ
לֹא-יִרְדֶּנּוּ בְּפֶרֶךְ לְעֵינֶיךָ

As a servant hired year by year shall he be with him;
he shall not rule with rigor over him in your sight.

(54)

וְאִם-לֹא יִגָּאֵל בְּאֵלֶּה
וְיָצָא בִּשְׁנַת הַיֹּבֵל
הוּא וּבָנָיו עִמּוֹ

And if he be not redeemed by any of these means,
then he shall go out in the year of jubilee,
he, and his children with him.

(55)

כִּי-לִי בְנֵי-יִשְׂרָאֵל עֲבָדִים
עֲבָדַי הֵם אֲשֶׁר-הוֹצֵאתִי
אוֹתָם מֵאֶרֶץ מִצְרָיִם
אֲנִי יהוה אֱלֹהֵיכֶם

For to Me the children of Israel are servants;
they are My servants whom I brought forth
* them from the land of Egypt:
I am YHVH your God.

Chapter Twenty-Six

No Idols

(1)

לֹא-תַעֲשׂוּ לָכֶם אֱלִילִם
וּפֶסֶל וּמַצֵּבָה לֹא-תָקִימוּ לָכֶם
וְאֶבֶן מַשְׂכִּית לֹא תִתְּנוּ בְּאַרְצְכֶם
לְהִשְׁתַּחֲוֹת עָלֶיהָ
כִּי אֲנִי יהוה אֱלֹהֵיכֶם

You shall make you no idols,
and a graven image, or a pillar, you shall not set up for yourself
and a stone figured you shall not have in your land,
to bow down to it;
for I am YHVH your God.

Blessings

(2)

אֶת-שַׁבְּתֹתַי תִּשְׁמֹרוּ
וּמִקְדָּשִׁי תִּירָאוּ
אֲנִי יהוה

*You shall keep * My sabbaths,*
and reverence My sanctuary:
I am YHVH.

(3)

אִם-בְּחֻקֹּתַי, תֵּלֵכוּ
וְאֶת-מִצְוֺתַי תִּשְׁמְרוּ
וַעֲשִׂיתֶם אֹתָם

If you walk in My statutes,
*and keep * My commandments,*
*and do * them;*

(4)

וְנָתַתִּי גִשְׁמֵיכֶם בְּעִתָּם
וְנָתְנָה הָאָרֶץ יְבוּלָהּ
וְעֵץ הַשָּׂדֶה יִתֵּן פִּרְיוֹ

then I will give your rains in their season,
and the land shall yield her produce,
and the trees of the field shall yield their fruit.

(5)

וְהִשִּׂיג לָכֶם דַּיִשׁ אֶת-בָּצִיר
וּבָצִיר יַשִּׂיג אֶת-זָרַע
וַאֲכַלְתֶּם לַחְמְכֶם לָשֹׂבַע
וִישַׁבְתֶּם לָבֶטַח בְּאַרְצְכֶם

*And your threshing shall reach to * the vintage,*
*and the vintage shall reach to * the sowing time;*
and you shall eat your bread until you have enough,
and dwell in your land safely.

Level Three

וַיִּקְרָא ~ כו

(6)

וְנָתַתִּי שָׁלוֹם בָּאָרֶץ

וּשְׁכַבְתֶּם

וְאֵין מַחֲרִיד

וְהִשְׁבַּתִּי חַיָּה רָעָה מִן־הָאָרֶץ

וְחֶרֶב לֹא־תַעֲבֹר בְּאַרְצְכֶם

And I will give peace in the land,

and you shall lie down,

and none shall make you afraid;

and I will cause evil beasts to cease out of the land,

neither shall the sword go through your land.

(7)

וּרְדַפְתֶּם אֶת־אֹיְבֵיכֶם

וְנָפְלוּ לִפְנֵיכֶם לֶחָרֶב

*And you shall chase * your enemies,*

and they shall fall before you by the sword.

(8)

וְרָדְפוּ מִכֶּם חֲמִשָּׁה מֵאָה

וּמֵאָה מִכֶּם רְבָבָה יִרְדֹּפוּ

וְנָפְלוּ אֹיְבֵיכֶם לִפְנֵיכֶם לֶחָרֶב

And five of you shall chase a hundred,

and a hundred of you shall chase ten thousand;

and your enemies shall fall before you by the sword.

283

Leviticus ~ 26

(9)

וּפָנִיתִי אֲלֵיכֶם

וְהִפְרֵיתִי אֶתְכֶם

וְהִרְבֵּיתִי אֶתְכֶם

וַהֲקִימֹתִי אֶת־בְּרִיתִי אִתְּכֶם

And I will have respect to you,

and make * you fruitful,

and multiply * you;

and will establish * My covenant with * you.

(10)

וַאֲכַלְתֶּם יָשָׁן נוֹשָׁן

וְיָשָׁן מִפְּנֵי חָדָשׁ תּוֹצִיאוּ

And you shall eat old store long kept,

and you shall bring forth the old from before the new.

(11)

וְנָתַתִּי מִשְׁכָּנִי בְּתוֹכְכֶם

וְלֹא־תִגְעַל נַפְשִׁי אֶתְכֶם

And I will set My tabernacle among you,

and My soul shall not abhor* you.

(12)

וְהִתְהַלַּכְתִּי בְּתוֹכְכֶם וְהָיִיתִי לָכֶם לֵאלֹהִים

וְאַתֶּם תִּהְיוּ־לִי לְעָם

And I will walk among you, and will be your God,

and * you shall be My people.

Level Three

וַיִּקְרָא ~ כו

(13)

אֲנִי יהוה אֱלֹהֵיכֶם

אֲשֶׁר הוֹצֵאתִי אֶתְכֶם מֵאֶרֶץ מִצְרַיִם

מִהְיֹת לָהֶם עֲבָדִים

וָאֶשְׁבֹּר מֹטֹת עֻלְּכֶם

וָאוֹלֵךְ אֶתְכֶם קוֹמְמִיּוּת

I am YHVH your God,

*who brought * you forth out of the land of Egypt,*

that you should not be their bondmen;

and I have broken the bars of your yoke,

*and made * you go upright.*

Curses

(14)

וְאִם-לֹא תִשְׁמְעוּ לִי

וְלֹא תַעֲשׂוּ אֵת כָּל-הַמִּצְוֹת הָאֵלֶּה

But if you will not hearken to Me,

*and will not do * all these commandments;*

(15)

וְאִם-בְּחֻקֹּתַי תִּמְאָסוּ

וְאִם אֶת-מִשְׁפָּטַי תִּגְעַל נַפְשְׁכֶם

and if you shall reject My statutes,

*and if your soul abhor * My ordinances,*

לְבִלְתִּי עֲשׂוֹת אֶת-כָּל-מִצְוֹתַי
לְהַפְרְכֶם אֶת-בְּרִיתִי

*so that you will not do * all My commandments,*
*but break * My covenant;*

(16)

אַף-אֲנִי אֶעֱשֶׂה-זֹּאת לָכֶ
וְהִפְקַדְתִּי עֲלֵיכֶם בֶּהָלָה
אֶת-הַשַּׁחֶפֶת וְאֶת-הַקַּדַּחַת
מְכַלּוֹת עֵינַיִם וּמְדִיבֹת נָפֶשׁ
וּזְרַעְתֶּם לָרִיק זַרְעֲכֶם
וַאֲכָלֻהוּ אֹיְבֵיכֶם

I also will do this to you:
I will appoint terror over you,
*even * consumption and * fever,*
that shall make the eyes to fail, and the soul to languish;
and you shall sow your seed in vain,
for your enemies shall eat it.

(17)

וְנָתַתִּי פָנַי בָּכֶם
וְנִגַּפְתֶּם לִפְנֵי אֹיְבֵיכֶם

And I will set My face against you,
and you shall be smitten before your enemies;

Level Three

וְרָדוּ בָכֶם שֹׂנְאֵיכֶם
וְנַסְתֶּם וְאֵין־רֹדֵף אֶתְכֶם

they that hate you shall rule over you;

and you shall flee when none pursues you.

(18)

וְאִם־עַד־אֵלֶּה לֹא תִשְׁמְעוּ לִי
וְיָסַפְתִּי לְיַסְּרָה אֶתְכֶם שֶׁבַע עַל־חַטֹּאתֵיכֶם

And if you will not yet for these things hearken to Me,

then I will chastise * you seven times more for your sins.

(19)

וְשָׁבַרְתִּי אֶת־גְּאוֹן עֻזְּכֶם
וְנָתַתִּי אֶת־שְׁמֵיכֶם כַּבַּרְזֶל
וְאֶת־אַרְצְכֶם כַּנְּחֻשָׁה

And I will break * the pride of your power;

and I will make * your heaven as iron,

and * your land as brass.

(20)

וְתַם לָרִיק כֹּחֲכֶם
וְלֹא־תִתֵּן אַרְצְכֶם אֶת־יְבוּלָהּ
וְעֵץ הָאָרֶץ לֹא יִתֵּן פִּרְיוֹ

And your strength shall be spent in vain;

for your land shall not yield * her produce,

neither shall the trees of the land yield their fruit.

Leviticus ~ 26

(21)

וְאִם־תֵּלְכוּ עִמִּי קֶרִי
וְלֹא תֹאבוּ לִשְׁמֹעַ לִי
וְיָסַפְתִּי עֲלֵיכֶם מַכָּה
שֶׁבַע כְּחַטֹּאתֵיכֶם

And if you walk contrary to Me,
and will not hearken to Me;
I will bring plagues upon you
seven times according to your sins.

(22)

וְהִשְׁלַחְתִּי בָכֶם אֶת־חַיַּת הַשָּׂדֶה
וְשִׁכְּלָה אֶתְכֶם
וְהִכְרִיתָה אֶת־בְּהֶמְתְּכֶם
וְהִמְעִיטָה אֶתְכֶם
וְנָשַׁמּוּ דַּרְכֵיכֶם

And I will send * the beast of the field among you,
which shall bereave * you,
and destroy * your cattle,
and make * you few in number;
and your ways shall become desolate.

(23)

וְאִם־בְּאֵלֶּה לֹא תִוָּסְרוּ לִי
וַהֲלַכְתֶּם עִמִּי קֶרִי

And if in spite of these things you will not be corrected to Me,
but will walk contrary to Me;

(24)

וְהָלַכְתִּ֤י אַף־אֲנִי֙ עִמָּכֶ֣ם בְּקֶ֔רִי
וְהִכֵּיתִ֤י אֶתְכֶם֙ גַּם־אָ֔נִי
שֶׁ֖בַע עַל־חַטֹּאתֵיכֶֽם

then will I also walk contrary to you;
and I will smite * you, even I,
seven times for your sins.

(25)

וְהֵבֵאתִ֨י עֲלֵיכֶ֜ם חֶ֗רֶב
נֹקֶ֙מֶת֙ נְקַם־בְּרִ֔ית
וְנֶאֱסַפְתֶּ֖ם אֶל־עָרֵיכֶ֑ם
וְשִׁלַּ֤חְתִּי דֶ֙בֶר֙ בְּתוֹכְכֶ֔ם
וְנִתַּתֶּ֖ם בְּיַד־אוֹיֵֽב

And I will bring a sword upon you,
that shall execute the vengeance of the covenant;
and you shall be gathered together within your cities;
and I will send the pestilence among you;
and you shall be delivered into the hand of the enemy.

(26)

בְּשִׁבְרִ֣י לָכֶם֮ מַטֵּה־לֶחֶם֒

And I break for you your staff of bread,

Leviticus ~ 26

וְאָפוּ עֶשֶׂר נָשִׁים לַחְמְכֶם בְּתַנּוּר אֶחָד
וְהֵשִׁיבוּ לַחְמְכֶם בַּמִּשְׁקָל
וַאֲכַלְתֶּם וְלֹא תִשְׂבָּעוּ

ten women shall bake your bread in one oven,
and they shall deliver your bread again by weight;
and you shall eat, and not be satisfied.

(27)

וְאִם־בְּזֹאת לֹא תִשְׁמְעוּ לִי
וַהֲלַכְתֶּם עִמִּי בְּקֶרִי

And if you will not for all this hearken to Me,
but walk contrary to Me;

(28)

וְהָלַכְתִּי עִמָּכֶם בַּחֲמַת־קֶרִי
וְיִסַּרְתִּי אֶתְכֶם אַף־אָנִי
שֶׁבַע עַל־חַטֹּאתֵיכֶם

then I will walk contrary to you in fury;
*and I also will chastise * you*
seven times for your sins.

(29)

וַאֲכַלְתֶּם בְּשַׂר בְּנֵיכֶם
וּבְשַׂר בְּנֹתֵיכֶם תֹּאכֵלוּ

And you shall eat the flesh of your sons,
and the flesh of your daughters shall you eat.

Level Three

(30)

וְהִשְׁמַדְתִּי אֶת־בָּמֹתֵיכֶם

וְהִכְרַתִּי אֶת־חַמָּנֵיכֶם

וְנָתַתִּי אֶת־פִּגְרֵיכֶם

עַל־פִּגְרֵי גִּלּוּלֵיכֶם

וְגָעֲלָה נַפְשִׁי אֶתְכֶם

*And I will destroy * your high places,*

*and cut down * your sun-pillars,*

*and cast * your carcasses*

upon the carcasses of your idols;

*and My soul shall abhor * you.*

(31)

וְנָתַתִּי אֶת־עָרֵיכֶם חָרְבָּה

וַהֲשִׁמּוֹתִי אֶת־מִקְדְּשֵׁיכֶם

וְלֹא אָרִיחַ בְּרֵיחַ נִיחֹחֲכֶם

*And I will make * your cities a waste,*

*and will bring * your sanctuaries to desolation,*

and I will not smell the savor of your sweet odors.

(32)

וַהֲשִׁמֹּתִי אֲנִי אֶת־הָאָרֶץ

וְשָׁמְמוּ עָלֶיהָ אֹיְבֵיכֶם הַיֹּשְׁבִים בָּהּ

*And I will bring * the land into desolation;*

and your enemies that dwell therein shall be astonished at it.

Leviticus ~ 26

(33)

וְאֶתְכֶם אֱזָרֶה בַגּוֹיִם
וַהֲרִיקֹתִי אַחֲרֵיכֶם חָרֶב
וְהָיְתָה אַרְצְכֶם שְׁמָמָה
וְעָרֵיכֶם יִהְיוּ חָרְבָּה

And * you will I scatter among the nations,
and I will draw out the sword after you;
and your land shall be a desolation,
and your cities shall be a waste.

(34)

אָז תִּרְצֶה הָאָרֶץ אֶת-שַׁבְּתֹתֶיהָ
כֹּל יְמֵי הָשַּׁמָּה
וְאַתֶּם בְּאֶרֶץ אֹיְבֵיכֶם
אָז תִּשְׁבַּת הָאָרֶץ
וְהִרְצָת אֶת-שַׁבְּתֹתֶיהָ

Then shall the land be paid * her sabbaths,
as long as it lies desolate,
and you are in your enemies' land;
even then shall the land rest,
and repay * her sabbaths.

(35)

כָּל-יְמֵי הָשַּׁמָּה תִּשְׁבֹּת
אֵת אֲשֶׁר לֹא-שָׁבְתָה בְּשַׁבְּתֹתֵיכֶם
בְּשִׁבְתְּכֶם עָלֶיהָ

Level Three

As long as it lies desolate it shall have rest;
*even the rest * which it had not in your sabbaths,*
when you dwelt upon it.

(36)

וְהַנִּשְׁאָרִים בָּכֶם

וְהֵבֵאתִי מֹרֶךְ בִּלְבָבָם

בְּאַרְצֹת אֹיְבֵיהֶם

וְרָדַף אֹתָם קוֹל עָלֶה נִדָּף

וְנָסוּ מְנֻסַת־חֶרֶב

וְנָפְלוּ וְאֵין רֹדֵף

And as for them that are left of you,
I will send a faintness into their heart
in the lands of their enemies;
*and the sound of a driven leaf shall chase * them;*
and they shall flee, as one flees from the sword;
and they shall fall when none pursues.

(37)

וְכָשְׁלוּ אִישׁ־בְּאָחִיו

כְּמִפְּנֵי־חֶרֶב וְרֹדֵף אָיִן

וְלֹא־תִהְיֶה לָכֶם תְּקוּמָה לִפְנֵי אֹיְבֵיכֶם

And they shall stumble one upon another,
as it were before the sword, when none pursues;
and you shall have no power to stand before your enemies.

(38)

וַאֲבַדְתֶּם בַּגּוֹיִם

וְאָכְלָה אֶתְכֶם אֶרֶץ אֹיְבֵיכֶם

And you shall perish among the nations,

and the land of your enemies shall eat * you up.

(39)

וְהַנִּשְׁאָרִים בָּכֶם יִמַּקּוּ

בַּעֲוֺנָם בְּאַרְצֹת אֹיְבֵיכֶם

וְאַף בַּעֲוֺנֹת אֲבֹתָם

אִתָּם יִמָּקּוּ

And they that are left of you shall pine away

in their iniquity in your enemies' lands;

and also in the iniquities of their fathers

shall they pine away with * them.

(40)

וְהִתְוַדּוּ אֶת-עֲוֺנָם

וְאֶת-עֲוֺן אֲבֹתָם

בְּמַעֲלָם אֲשֶׁר מָעֲלוּ-בִי

וְאַף אֲשֶׁר-הָלְכוּ עִמִּי בְּקֶרִי

And they shall confess * their iniquity,

and * the iniquity of their fathers,

in their treachery which they committed against Me,

and also that they have walked contrary to Me.

Level Three

וַיִּקְרָא ~ כו

(41)

אַף־אֲנִי אֵלֵךְ עִמָּם בְּקֶרִי
וְהֵבֵאתִי אֹתָם בְּאֶרֶץ אֹיְבֵיהֶם
אוֹ־אָז יִכָּנַע לְבָבָם הֶעָרֵל
וְאָז יִרְצוּ אֶת־עֲוֹנָם

I also will walk contrary to them,

*and bring * them into the land of their enemies;*

if then perchance their uncircumcised heart be humbled,

*and they then be paid the punishment of * their iniquity;*

(42)

וְזָכַרְתִּי, אֶת־בְּרִיתִי יַעֲקוֹב
וְאַף אֶת־בְּרִיתִי יִצְחָק
וְאַף אֶת־בְּרִיתִי אַבְרָהָם אֶזְכֹּר
וְהָאָרֶץ אֶזְכֹּר

*then will I remember * My covenant with Jacob,*

*and also * My covenant with Isaac,*

*and also * My covenant with Abraham will I remember;*

and I will remember the land.

(43)

וְהָאָרֶץ תֵּעָזֵב מֵהֶם
וְתִרֶץ אֶת־שַׁבְּתֹתֶיהָ

For the land shall lie forsaken without them,

*and shall be paid * her sabbaths,*

בָּהְשַׁמָּה מֵהֶם

וְהֵם יִרְצוּ אֶת-עֲוֺנָם

יַעַן וּבְיַעַן--בְּמִשְׁפָּטַי מָאָסוּ

וְאֶת-חֻקֹּתַי גָּעֲלָה נַפְשָׁם

while she lies desolate without them;

*and they shall be paid the punishment of * their iniquity;*

because, even because they rejected My ordinances,

*and their soul abhorred * My statutes.*

(44)

וְאַף-גַּם-זֹאת בִּהְיוֹתָם

בְּאֶרֶץ אֹיְבֵיהֶם

לֹא-מְאַסְתִּים

And yet for all that, when they are

in the land of their enemies,

I will not reject them,

וְלֹא-גְעַלְתִּים לְכַלֹּתָם

לְהָפֵר בְּרִיתִי אִתָּם

כִּי אֲנִי יהוה אֱלֹהֵיהֶם

neither will I abhor them, to destroy them utterly,

*and to break My covenant with * them;*

for I am YHVH their God.

(45)

וְזָכַרְתִּי לָהֶם בְּרִית רִאשֹׁנִים
אֲשֶׁר הוֹצֵאתִי-אֹתָם מֵאֶרֶץ מִצְרַיִם
לְעֵינֵי הַגּוֹיִם
לִהְיוֹת לָהֶם לֵאלֹהִים
אֲנִי יהוה

But I will for their sakes remember the covenant of their ancestors,
*whom I brought * them forth out of the land of Egypt*
in the sight of the nations,
that I might be their God:
I am YHVH.

(46) These are the statutes and ordinances and laws, which יהוה made between Him and בְּנֵי יִשְׂרָאֵל בְּהַר סִינַי בְּיַד-מֹשֶׁה *(the children of Israel in Mount Sinai, by the hand of Moses).*

Chapter Twenty-Seven

Holy Gifts

(1) וַיְדַבֵּר יהוה אֶל־מֹשֶׁה לֵּאמֹר (*And YHVH spoke to Moses saying*):

(2)
דַּבֵּר אֶל־בְּנֵי יִשְׂרָאֵל וְאָמַרְתָּ אֲלֵהֶם
אִישׁ כִּי יַפְלִא נֶדֶר
בְּעֶרְכְּךָ נְפָשֹׁת לַיהוה

Speak to the children of Israel, and say to them:
When a man shall clearly utter a vow
of persons to YHVH, according to your valuation,

(3)
וְהָיָה עֶרְכְּךָ הַזָּכָר
מִבֶּן עֶשְׂרִים שָׁנָה וְעַד בֶּן־שִׁשִּׁים שָׁנָה
וְהָיָה עֶרְכְּךָ חֲמִשִּׁים שֶׁקֶל כֶּסֶף
בְּשֶׁקֶל הַקֹּדֶשׁ

then your valuation shall be for the male
from twenty years old even to sixty years old,
even your valuation shall be fifty shekels of silver,
after the shekel of the sanctuary.

(4)
וְאִם־נְקֵבָה הִוא
וְהָיָה עֶרְכְּךָ שְׁלֹשִׁים שָׁקֶל

Level Three

וַיִּקְרָא ~ כז

And if it be a female,

then your valuation shall be thirty shekels.

(5)

וְאִם מִבֶּן־חָמֵשׁ שָׁנִים

וְעַד בֶּן־עֶשְׂרִים שָׁנָה

וְהָיָה עֶרְכְּךָ הַזָּכָר

עֶשְׂרִים שְׁקָלִים

וְלַנְּקֵבָה עֲשֶׂרֶת שְׁקָלִים

And if it be from five years old

even to twenty years old,

then your valuation shall be for the male

twenty shekels,

and for the female ten shekels.

(6)

וְאִם מִבֶּן־חֹדֶשׁ וְעַד בֶּן־חָמֵשׁ שָׁנִים

וְהָיָה עֶרְכְּךָ הַזָּכָר

חֲמִשָּׁה שְׁקָלִים כָּסֶף

וְלַנְּקֵבָה עֶרְכְּךָ

שְׁלֹשֶׁת שְׁקָלִים כָּסֶף

And if it be from a month old even to five years old,

then your valuation shall be for the male

five shekels of silver,

and for the female your valuation shall be

three shekels of silver.

Leviticus ~ 27

(7)

וְאִם מִבֶּן-שִׁשִּׁים שָׁנָה וָמַעְלָה
אִם-זָכָר וְהָיָה עֶרְכְּךָ חֲמִשָּׁה עָשָׂר שָׁקֶל
וְלַנְּקֵבָה עֲשָׂרָה שְׁקָלִים

And if it be from sixty years old and upward:
if it be a male, then your valuation shall be fifteen shekels,
and for the female ten shekels.

(8)

וְאִם-מָךְ הוּא מֵעֶרְכֶּךָ
וְהֶעֱמִידוֹ לִפְנֵי הַכֹּהֵן
וְהֶעֱרִיךְ אֹתוֹ הַכֹּהֵן
עַל-פִּי אֲשֶׁר תַּשִּׂיג יַד הַנֹּדֵר
יַעֲרִיכֶנּוּ, הַכֹּהֵן

But if he be too poor for your valuation,
then he shall be set before the priest,
*and the priest shall value * him;*
according to the means of him that vowed
shall the priest value him.

Redemption Of Animals

(9)

וְאִם-בְּהֵמָה אֲשֶׁר יַקְרִיבוּ מִמֶּנָּה קָרְבָּן לַיהוה
כֹּל אֲשֶׁר יִתֵּן מִמֶּנּוּ לַיהוה יִהְיֶה-קֹּדֶשׁ

300

Level Three   וַיִּקְרָא ~ כז

And if it be a beast, whereof men bring an offering to YHVH,

all that any man give of such to YHVH shall be holy.

(10)

לֹא יַחֲלִיפֶנּוּ וְלֹא-יָמִיר אֹתוֹ

טוֹב בְּרָע

אוֹ-רַע בְּטוֹב

וְאִם-הָמֵר יָמִיר בְּהֵמָה בִּבְהֵמָה

וְהָיָה-הוּא וּתְמוּרָתוֹ

יִהְיֶה-קֹּדֶשׁ

*He shall not alter it, nor change * it,*

a good for a bad,

or a bad for a good;

and if he shall at all change beast for beast,

then both it and that for which it is changed

shall be holy.

(11)

וְאִם כָּל-בְּהֵמָה טְמֵאָה

אֲשֶׁר לֹא-יַקְרִיבוּ מִמֶּנָּה קָרְבָּן לַיהוה

וְהֶעֱמִיד אֶת-הַבְּהֵמָה לִפְנֵי הַכֹּהֵן

And if it be any unclean beast,

of which they may not bring an offering to YHVH,

*then he shall set * the beast before the priest.*

(12)

וְהֶעֱרִיךְ הַכֹּהֵן אֹתָהּ
בֵּין טוֹב וּבֵין רָע
כְּעֶרְכְּךָ הַכֹּהֵן כֵּן יִהְיֶה

*And the priest shall value * it,*

between good and between bad;

as you the priest values it, so shall it be.

(13)

וְאִם-גָּאֹל יִגְאָלֶנָּה
וְיָסַף חֲמִישִׁתוֹ עַל-עֶרְכֶּךָ

But if he will indeed redeem it,

then he shall add the fifth part thereof to your valuation.

Redemption Of Houses

(14)

וְאִישׁ כִּי-יַקְדִּשׁ אֶת-בֵּיתוֹ קֹדֶשׁ לַיהוה
וְהֶעֱרִיכוֹ הַכֹּהֵן
בֵּין טוֹב וּבֵין רָע
כַּאֲשֶׁר יַעֲרִיךְ אֹתוֹ הַכֹּהֵן כֵּן יָקוּם

*And when a man shall sanctify * his house to be holy to YHVH,*

then the priest shall value it,

whether it be good or bad;

*as the priest shall value * it, so shall it stand.*

(15)

וְאִם־הַמַּקְדִּישׁ יִגְאַל אֶת־בֵּיתוֹ

וְיָסַף חֲמִישִׁית כֶּסֶף־עֶרְכְּךָ

עָלָיו וְהָיָה לוֹ

*And if he that sanctified it will redeem * his house,*

then he shall add the fifth part of the money of your valuation

to it, and it shall be his.

(16)

וְאִם מִשְּׂדֵה אֲחֻזָּתוֹ יַקְדִּישׁ אִישׁ לַיהוה

וְהָיָה עֶרְכְּךָ לְפִי זַרְעוֹ

זֶרַע חֹמֶר שְׂעֹרִים בַּחֲמִשִּׁים שֶׁקֶל כָּסֶף

And if a man shall sanctify to YHVH part of the field of his possession,

then your valuation shall be according to the sowing thereof;

the sowing of a homer of barley shall be valued at fifty shekels of silver.

(17)

אִם־מִשְּׁנַת הַיֹּבֵל יַקְדִּישׁ שָׂדֵהוּ

כְּעֶרְכְּךָ יָקוּם

If he sanctify his field from the year of jubilee,

according to your valuation it shall stand.

(18)

וְאִם־אַחַר הַיֹּבֵל יַקְדִּישׁ שָׂדֵהוּ

וְחִשַּׁב־לוֹ הַכֹּהֵן אֶת־הַכֶּסֶף

But if he sanctify his field after the jubilee,

*then the priest shall reckon to him * the money*

עַל־פִּי הַשָּׁנִים הַנּוֹתָרֹת עַד שְׁנַת הַיֹּבֵל
וְנִגְרַע מֵעֶרְכֶּךָ

according to the years that remain to the year of jubilee,
and an abatement shall be made from your valuation.

(19)

וְאִם־גָּאֹל יִגְאַל אֶת־הַשָּׂדֶה הַמַּקְדִּישׁ אֹתוֹ
וְיָסַף חֲמִשִׁית כֶּסֶף־עֶרְכְּךָ עָלָיו
וְקָם לוֹ

*And if he that sanctified * the field will indeed redeem * it,*
then he shall add the fifth part of the money of your valuation to it,
and it shall be assured to him.

(20)

וְאִם־לֹא יִגְאַל אֶת־הַשָּׂדֶה
וְאִם־מָכַר אֶת־הַשָּׂדֶה לְאִישׁ אַחֵר
לֹא יִגָּאֵל עוֹד

*And if he will not redeem * the field,*
*or if he have sold * the field to another man,*
it shall not be redeemed any more.

(21)

וְהָיָה הַשָּׂדֶה בְּצֵאתוֹ בַיֹּבֵל
קֹדֶשׁ לַיהוה כִּשְׂדֵה הַחֵרֶם
לַכֹּהֵן תִּהְיֶה אֲחֻזָּתוֹ

Level Three

וַיִּקְרָא ~ כז

But the field, when it goes out in the jubilee,
shall be holy to YHVH, as a field devoted;
the possession thereof shall be the priest's.

(22)

וְאִם, אֶת־שְׂדֵה מִקְנָתוֹ
אֲשֶׁר לֹא מִשְּׂדֵה אֲחֻזָּתוֹ
יַקְדִּישׁ לַיהוה

*And if * a field which he has bought,*
which is not of the field of his possession;
he is sanctifying to YHVH

(23)

וְחִשַּׁב־לוֹ הַכֹּהֵן אֵת מִכְסַת
הָעֶרְכְּךָ עַד שְׁנַת הַיֹּבֵל
וְנָתַן אֶת־הָעֶרְכְּךָ בַּיּוֹם הַהוּא
קֹדֶשׁ לַיהוה

*then the priest shall reckon to him * the worth*
of your valuation to the year of jubilee;
*and he shall give * your valuation in that day,*
as a holy thing to YHVH.

(24)

בִּשְׁנַת הַיּוֹבֵל יָשׁוּב הַשָּׂדֶה
לַאֲשֶׁר קָנָהוּ מֵאִתּוֹ

In the year of jubilee the field shall return
to him of whom it was bought,

305

Leviticus ~ 27

לַאֲשֶׁר-לוֹ אֲחֻזַּת הָאָרֶץ

even to him to whom the possession of the land belongs.

(25)

וְכָל-עֶרְכְּךָ יִהְיֶה
בְּשֶׁקֶל הַקֹּדֶשׁ
עֶשְׂרִים גֵּרָה יִהְיֶה הַשָּׁקֶל

*And all your valuations shall be
according to the shekel of the sanctuary;
twenty gerahs shall be the shekel.*

(26)

אַךְ-בְּכוֹר אֲשֶׁר-יְבֻכַּר
לַיהוה בִּבְהֵמָה
לֹא-יַקְדִּישׁ אִישׁ אֹתוֹ
אִם-שׁוֹר אִם-שֶׂה לַיהוה הוּא

*Howbeit the firstling which is firstborn
to YHVH among beasts,
no man shall sanctify * it;
whether it be ox or sheep, it is YHVH's.*

(27)

וְאִם בַּבְּהֵמָה הַטְּמֵאָה
וּפָדָה בְעֶרְכֶּךָ

*And if it be of an unclean beast,
then he shall ransom it according to your valuation,*

Level Three

וְיָסַף חֲמִשִׁתוֹ עָלָיו

וְאִם־לֹא יִגָּאֵל

וְנִמְכַּר בְּעֶרְכֶּךָ

and shall add to it the fifth part thereof;

or if it be not redeemed,

then it shall be sold according to your valuation.

(28)

אַךְ־כָּל־חֵרֶם אֲשֶׁר יַחֲרִם אִישׁ לַיהוה

מִכָּל־אֲשֶׁר־לוֹ מֵאָדָם וּבְהֵמָה

וּמִשְּׂדֵה אֲחֻזָּתוֹ

Yea, any devoted thing, that a man may devote to YHVH

of all that he has, whether of man or beast,

or of the field of his possession,

לֹא יִמָּכֵר וְלֹא יִגָּאֵל

כָּל־חֵרֶם קֹדֶשׁ־קָדָשִׁים הוּא לַיהוה

shall not be sold and not be redeemed;

every devoted thing is most holy to YHVH.

(29)

כָּל־חֵרֶם אֲשֶׁר יָחֳרַם מִן־הָאָדָם לֹא יִפָּדֶה

מוֹת יוּמָת

None devoted, that may be devoted of men, shall be ransomed;

he shall surely be put to death.

(30)

וְכָל-מַעְשַׂר הָאָרֶץ
מִזֶּרַע הָאָרֶץ
מִפְּרִי הָעֵץ לַיהוה הוּא
קֹדֶשׁ לַיהוה

And all the tithe of the land,
whether of the seed of the land,
or of the fruit of the tree, is YHVH's;
it is holy to YHVH.

(31)

וְאִם-גָּאֹל יִגְאַל אִישׁ מִמַּעַשְׂרוֹ
חֲמִשִׁיתוֹ יֹסֵף עָלָיו

And if a man will redeem aught of his tithe,
he shall add to it the fifth part thereof.

Tithe Of Animals

(32)

וְכָל-מַעְשַׂר בָּקָר וָצֹאן
כֹּל אֲשֶׁר-יַעֲבֹר תַּחַת הַשָּׁבֶט
הָעֲשִׂירִי יִהְיֶה-קֹּדֶשׁ לַיהוה

And all the tithe of the herd or the flock,
whatsoever passes under the rod,
the tenth shall be holy to YHVH.

Level Three   וַיִּקְרָא ~ כז

(33)
לֹא יְבַקֵּר בֵּין־טוֹב לָרַע
וְלֹא יְמִירֶנּוּ
וְאִם־הָמֵר יְמִירֶנּוּ
וְהָיָה־הוּא וּתְמוּרָתוֹ יִהְיֶה־קֹּדֶשׁ
לֹא יִגָּאֵל

He shall not inquire whether it be good or bad,

neither shall he change it;

and if he change it at all,

then both it and that for which it is changed shall be holy;

it shall not be redeemed.

(34) These are the commandments which צִוָּה יהוה אֶת־מֹשֶׁה (YHVH commanded Moses) אֶל־בְּנֵי יִשְׂרָאֵל בְּהַר סִינָי (for the children of Israel in Mount Sinai.)

309

Index

Nouns

Below is a list of nouns - the "people, place, or thing" words - that have been restored in the Hebrew. We have chosen to leave the Scripture index off each word because that makes the index very large. Therefore, for ease of finding the words, we have simply put the basic form of the word along with its definition.

Definitions	Hebrew
sash	אבנט
tent	אהל
lights	אוּרים
ear	אזן
ephod	אפוד
fire	אשׁ
garments	בּגד
thumb, big toe	בּהן
blood	דּם
hand	יד
right	ימני
sin-offering	חטאה
fat	חלב
belt	חשב
breastplate	חשן
laver	כּיור

atonement	כּפּר
base	כּן
tunic	כּתנת
bread	לחם
meeting, appointed time	מועד
altar	מזבּח
consecration	מלּא
meal - offering	מנחה
robe	מעיל
unleavened	מצה
turban	מצנפת
ointment used for anointing	משׁחה
tabernacle	משׁכּן
crown	נזר
congregation	עדה
burnt - offering	עלה
door	פּתח
blosem	ציץ
sanctuary	קדשׁ
foot	רגל
peace	שׁלם
oil	שׁמן
perfecction	תּמים
wave - offering	תּנופה
heave - offering	תּרומה

Verbs

Here is a list of verbs that are restored in this level - a few may be recognized from earlier levels of טhe Pרogרessive Toרaה as well. Verbs are the "action" words and they can be more complicated when dealing with Hebrew conjugations. Just like the nouns, these words can have other letters attached to the beginning or the end of the words which tell "who did what to whom". The following are the simple 3-letter verb roots without modifications.

call	קרא
speak	דּבר
say	אמר
do, make	עשׂה
assembled	קהל
take	לקח
command	צוה
anoint	משח
sanctify	קדשׁ
make atonement for, to cover	כּפר
wash	רחץ
guard, keep	שׁמר
come near, approach	קרב
sacrifice	זבח
appear	ראה
bless	בּרך
hear	שׁמע

Final Notes

We hope your journey has been enriched and you are blessed through the production of The Progressive Torah series! Minister 2 Others would like to hear from you. If you have comments or questions concerning our materials, or if you find errors in our projects, misspellings, or formatting issues. We work hard to provide quality materials, however, sometimes things can squeak by unnoticed. Your feedback is truly appreciated.

If you have enjoyed this production, please consider writing a review and letting others know about our materials.

Thanks!

                           Minister 2 Others
                           Minister2others.com

Like reading the stories found in the book of Genesis? Then you'll love our series Ancient Texts and the Bible ! This ten volume set completely synchronizes the Bible, with the books of *Enoch, Jasher, and Jubilees;* making one harmonizing story out of the four!

Available in Easy Reader Edition and Expanded Edition!

www.ingramcontent.com/pod-product-compliance
Lightning Source LLC
Chambersburg PA
CBHW081333080526
44588CB00017B/2604
* 9 7 8 1 9 4 7 7 5 1 8 3 5 *